A GRAMMAR GUIDE

A GRAMMAR GUIDE

Past Tenses

Francisco Zamarrón Terán

Número de Control de la Biblioteca
del Congreso de EE. UU.:   2013914803
ISBN: Tapa Dura   978-1-4633-6420-5
               Tapa Blanda   978-1-4633-6422-9
               Libro Electrónico   978-1-4633-6421-2

Para realizar pedidos de este libro, contacte con:
Palibrio LLC
1663 Liberty Drive
Suite 200
Bloomington, IN 47403
Gratis desde EE. UU. al 877.407.5847
Gratis desde México al 01.800.288.2243
Gratis desde España al 900.866.949
Desde otro país al +1.812.671.9757
Fax: 01.812.355.1576
ventas@palibrio.com
419399

ÍNDICE

¿Cómo usar este material?

1. El aprendizaje de un idioma es una habilidad que requiere práctica, paciencia y determinación.

2. El material se presenta con las instrucciones en español para que no tengas dificultad para comprender la información.

3. Vas a necesitar un buen diccionario bilingüe para que aprendas el vocabulario que necesitas, es decir, el que te interesa.

4. Vas a ver cuadros como estos:

SUJETO	VERBO AUXILIAR	VERBO	RESTO DEL ENUNCIADO

a) SUJETO: es quien realiza la acción.
b) VERBO AUXILIAR: va a hacer lo que el verbo principal no puede hacer, nos va a indicar TIEMPO y FORMA (afirmativa, negativa ó interrogativa).
c) VERBO: siempre nos vamos a referir así al VERBO PRINCIPAL, es el que expresa la acción que se lleva a cabo.
d) RESTO DEL ENUNCIADO: aquí recibes información sobre cómo se realiza la acción (indicadores de tiempo, lugar, descripciones).
e) Las secciones horizontales te indican, con sombreados, enunciados que se agrupan de esta manera porque usan diferentes formas verbales ó diferente forma del verbo auxiliar.

5. En los cuadros verás modelos de todas las variantes que ofrecen cada tiempo en sus tres formas. Los puedes usar para modificarlos y expresar por escrito lo que necesites con ayuda de tu diccionario.

6. En los cuadros modelo verás el equivalente en español para que te sea más sencillo comprender el idioma escrito.

7. El propósito de este trabajo, es que inicialmente:

a) Te sirva como "diccionario gramatical" que esté a tu disposición en cualquier momento.
b) Que vayas practicando repetidamente para que aprendas los patrones estructurales hasta que los domines totalmente.
c) Que aprendas lo que expresan los tiempos gramaticales.
d) Que uses el diccionario para entender palabras nuevas.
e) Que uses el diccionario para aprender el vocabulario que realmente necesitas, no el que yo siento que necesitas.
f) Que adquieras confianza, porque si tienes una lengua, puedes aprender otra.
g) Que puedas entender el lenguaje escrito para que puedas ingresar a internet o leer documentos o información en inglés.
h) Que puedas expresar tus ideas por escrito en forma eficaz.
i) Que elimines un obstáculo para tu trabajo o tus estudios.

SUGERENCIAS:

o Compara todos los cuadros de los diferentes tiempos para que encuentres semejanzas y diferencias.
o Copia los cuadros que tengas que resolver en un cuaderno y resuelve en el cuaderno. ¿Por qué? Para que refuerces tu aprendizaje al leer y escribir.
o El cuadro de PREGUNTAS DE INFORMACIÓN te va a presentar otra forma de manejar el idioma. Analízalo

cuidadosamente. Está al final de cada uno de los siete capítulos.

o La sección **WHAT ABOUT YOU?** es para establecer una comunicación directa contigo y puedas aplicar lo que estás aprendiendo inmediatamente.

o Revisa los ejemplos de respuestas (Sample Answers) al final del libro.

o ¡Anímate! Crea tus propios cuadros con información que exprese tus intereses.

o El diccionario es un instrumento valioso, que te da los significados que necesitas. Úsalo siempre que lo requieras.

1. BE PASADO SIMPLE

INFORMACIÓN ÚTIL:

- Cuando Be es el verbo principal no necesita verbo auxiliar.
- Se usa para expresar acciones que eran habituales o verdaderas, pero que ya terminaron.
- Como en español, existen tres personas gramaticales, que pueden ser singular o plural:

  - ▶ 1ª persona, la que habla: I – we.
  - ▶ 2ª persona, con quien se habla: you - you.
  - ▶ 3ª persona, de quién se habla: he, she, it*, they.
  - ▶ Vamos a usar las tres formas más comunes para comunicarnos en Inglés.

* It se usa para referirnos a un objeto, animal, vegetal, idea o institución en singular.

En el texto anterior, el que habla de personas, marca con amarillo las personas que expresen singular y con verde las que expresen plural. Creo que lo hiciste bien. Puedes consultar las respuestas en la sección **Sample Answers** al final del libro.

1.1 FORMA AFIRMATIVA:

- ▶ Esta es la primera forma que sirve para expresar SER o ESTAR (en un lugar) en pasado.
- ▶ Observa el orden de las columnas.
- ▶ Marca con amarillo las palabras que expresen *ser* y con verde las que expresen *estar*.
- ▶ Vas muy bien. De todas maneras ya sabes dónde verificar tus respuestas.

SUJETO	VERBO	RESTO DEL ENUNCIADO
I (Yo)	*was* fui/era	*Latin American.* latinoamericano.
He (Él)	*was* estaba	*in the classroom.* en el salón de clases.
She (Ella)	*was* era	*a pediatrician.* una pediatra
It	*was* Era	*a black dog.* un perro negro.
We (Nosotros)	*were* estábamos	at home. en casa.
You (Tú/Ustedes)	*were* eras/eran	*happy.* feliz/felices.
They (Ellos/Ellas)	*were* eran	*young.* jóvenes.

▶ Contesta SI o NO.

	SI	NO
a) BE se usa en todos los enunciados.	☐	☐
b) Solo se usan dos formas verbales.	☐	☐
c) Se divide el cuadro en tres partes.	☐	☐
d) Las dos secciones usan la misma forma verbal.	☐	☐
e) Una forma se puede usar en singular y plural.	☐	☐
f) Se usa un verbo auxiliar.	☐	☐
g) Todos los enunciados indican lugar.	☐	☐

Tiempo de aplicar:

▶ Creo que lo hiciste bien. De todas maneras ya sabes dónde verificar tus respuestas.

▶ Completa este cuadro para indicar SER o ESTAR EN PASADO.

SUJETO	VERBO	RESTO DEL ENUNCIADO
I		a bus driver.
He		my teacher.
She		at home.
It		a big dog.
We		good swimmers.
You		in Alaska.
They		on a ship.

▶ Si lo crees necesario consulta el diccionario para que hagas enunciados diferentes.

▶ Ahora completa la primera columna.

SUJETO	VERBO	RESTO DEL ENUNCIADO
	was	at the stadium.
	was	a friend.
	was	a nurse.
	was	in the street.
	were	college students.
	were	on the plane.
	were	very punctual.

▶ Si lo crees necesario consulta el diccionario para que hagas enunciados diferentes.

▶ ¿Iniciaste el enunciado con mayúscula?

▶ Completa la tercera columna para que el enunciado exprese "ser" ó "estar" en pasado.

SUJETO	VERBO	RESTO DEL ENUNCIADO
I	was	
He	was	
She	was	
It	was	
We	were	
You	were	
They	were	

▶ Haz realizado tu primera práctica con éxito.

AUTOEVALUACIÓN: Contesta las siguientes preguntas, escribe del 1 al 5, siendo el 5 el valor máximo y el 1 el valor mínimo.

a) La **INFORMACIÓN ÚTIL** es una sección que te ayudó.   _____
b) ¿Entendiste los modelos presentados en el cuadro?   _____
c) ¿Entendiste la función de cada columna del cuadro?   _____
d) ¿Puedes escribir tus propios ejemplos con la ayuda de un diccionario?   _____
e) ¿Crees que puedes alcanzar mayores logros con este material?   _____

1.2 FORMA NEGATIVA:

▶ Observa cuidadosamente este cuadro. ¿Cuál es la diferencia con el afirmativo?

▶ ¡Por supuesto que estás en lo correcto! Solo agregamos la palabra negativa o su contracción.

▶ Para que no se nos olvide, señaliza la nueva información en el cuadro.

SUJETO	VERBO NEGATIVO	RESTO DEL ENUNCIADO
I (Yo)	was not (wasn't) no era	Latin American. latinoamericano.
He (Él)	was not (wasn't) no /estuve	in the classroom. en el salón de clases.
She (Ella)	was not (wasn't) no era	a pediatrician. una pediatra.
It (Ello)	was not (wasn't) No era	a black dog. un perro negro.
We (Nosotros)	were not (weren't) no estuvimos	at home. en casa.
You (Tú/Usted/es)	were not (weren't) no eras/no era/no eran	happy. feliz/felices.
They (Ellos/Ellas)	were not (weren't) no eran	young. jóvenes.

▶ ¿Observaste la contracción negativa del verbo entre paréntesis?

▶ Contesta SI o NO.

	SI	NO
a) BE se usa en todos los enunciados.	☐	☐
b) Solo se usan tres formas verbales.	☐	☐
c) Se divide de forma diferente.	☐	☐
d) Las dos secciones usan la misma forma verbal.	☐	☐
e) Una forma se puede usar en singular y plural.	☐	☐
f) Se usa un verbo auxiliar.	☐	☐
g) Todos los enunciados indican ser.	☐	☐

Tiempo de aplicar:

► Sé que lo hiciste bien. De todas maneras ya sabes dónde verificar tus respuestas.

► Completa este cuadro para indicar NO ERA o NO ESTABA.

SUJETO	VERBO NEGATIVO	RESTO DEL ENUNCIADO
I		Spanish.
He		at work.
She		at the bus stop.
It		a new car.
We		sad.
You		on the team.
They		policemen.

► Ahora completa este cuadro, que ya hiciste antes para que indique lo que NO ERA o NO ESTABA.

► Si lo crees necesario consulta el diccionario para que hagas enunciados diferentes.

SUJETO	VERBO NEGATIVO	RESTO DEL ENUNCIADO
I	was not (wasn't)	
He	was not (wasn't)	
She	was not (wasn't)	
It	was not (wasn't)	
We	were not (weren't)	
You	were not (weren't)	
They	were not (weren't)	

► ¿Pusiste punto final a cada enunciado?

▶ Ahora completa las dos columnas incompletas.

SUJETO	VERBO NEGATIVO	RESTO DEL ENUNCIADO
I		
He		
She		
It		
We		
You		
They		

▶ Haz realizado tu segunda práctica con éxito.

AUTOEVALUACIÓN: *Contesta las siguientes preguntas, escribe del 1 al 5, siendo el 5 el valor máximo y el 1 el valor mínimo.*

a) ¿Los cuadros afirmativos te ayudaron a comprender los nuevos?   _____

b) ¿Entendiste los modelos presentados en el nuevo cuadro?   _____

c) ¿Entendiste la función de cada columna del cuadro?   _____

d) ¿Puedes escribir tus propios ejemplos con la ayuda de un diccionario?   _____

e) ¿Crees que sea difícil la siguiente sección?   _____

1.3 FORMA INTERROGATIVA

▶ Observa cuidadosamente este cuadro. ¿Cuál es la diferencia con el afirmativo?

▶ ¡Tienes razón! Solo cambiamos la posición del sujeto.

▶ Para que no se nos olvide, señaliza la nueva información en el cuadro.

VERBO	SUJETO	RESTO DEL ENUNCIADO
Was ¿Era/Fui	I (yo)	Latin American? latinoamericano?
Was ¿Estaba/Estuvo	he (él)	in the classroom? en el salón de clases?
Was ¿Era/Fue	she (ella)	a pediatrician? una pediatra?
Was ¿Es	it (ello)	a black dog? un perro negro?
Were ¿Estábamos	we (nosotros)	at home? en casa?
Were ¿Eran/Fueron	you (tú/ustedes)	happy? feliz/felices?
Were ¿Eran/Fueron	they (ellas/ellos)	young? jóvenes?

▶ Contesta SI o NO.   SI   NO

a) BE se usa en todos los enunciados.   ☐   ☐

b) Solo se usa una forma verbal.   ☐   ☐

c) El cuadro se organiza de forma diferente.   ☐   ☐

d) Se usan las tres personas gramaticales.   ☐   ☐

e) Una forma se puede usar en singular y plural.   ☐   ☐

f) Se usa un verbo auxiliar.   ☐   ☐

g) Todos los enunciados indican estar.   ☐   ☐

▶ Por seguridad, ya sabes dónde verificar tus respuestas.

INFORMACIÓN ÚTIL:

- Las preguntas que acabamos de ver intentan verificar una información para saber si es afirmativa o negativa.
- Se puede contestar con "Yes." o "No."
- Otras formas de contestar, que indican aceptación o negación, son las siguientes:

Were you...?	Yes, I was.	No, I wasn't.
Were you...?	Yes, we were.	No, we weren't.
Were we...?	Yes, you were.	No, you weren't.
Were they...?	Yes, they were.	No, they weren't.
Was I...?	Yes, you were.	No, you weren't.
Was she...?	Yes, she was.	No, she wasn't.
Was he...?	Yes, he was.	No, he wasn't.
Was it...?	Yes, it was.	No, it wasn't.

Tiempo de aplicar:

▶ Contesta SI o NO.

	SI	NO
a) ¿Podemos llamar "respuestas cortas" a las anteriores?	☐	☐
b) ¿La organización te resulta conocida?	☐	☐
c) ¿Cada respuesta consta de dos elementos?	☐	☐
d) Se usan todas las personas gramaticales.	☐	☐
e) ¿Se parecen a los patrones estructurales que conoces?	☐	☐
f) ¿En todas las respuestas se usa un verbo auxiliar?	☐	☐
g) ¿Se proporciona información adicional?	☐	☐

▶ Completa este cuadro para preguntar por SER o ESTAR en pasado.

VERBO	SUJETO	RESTO DEL ENUNCIADO
	I	a student?
	he	my grandfather?
	she	at the office?
	it	a small house?
	we	soccer players?
	you	a good friend?
	they	at school?

▶ Verifica la comprensión de los enunciados.

▶ Ahora completa este cuadro.

VERBO	SUJETO	RESTO DEL ENUNCIADO
Was		in my room?
Was		in the hospital?
Was		an engineer?
Was		a beautiful flower?
Were		family?
Were		a music fan?
Were		in the park?

▶ Verifica la comprensión de las preguntas.

▶ Ahora completa este cuadro, que ya hiciste antes para que preguntes lo que ERA o ESTABA.

▶ Si lo crees necesario consulta el diccionario para que hagas enunciados diferentes.

VERBO	SUJETO	RESTO DEL ENUNCIADO
Was	I	
Was	he	
Was	she	
Was	it	
Were	we	
Were	you	
Were	they	

▶ ¿Pusiste signo de interrogación a cada enunciado?

▶ Haz realizado tu tercera práctica con éxito.

AUTOEVALUACIÓN: Contesta las siguientes preguntas, escribe del 1 al 5, siendo el 5 el valor máximo y el 1 el valor mínimo.

a) ¿Los cuadros afirmativos te ayudaron a comprender los nuevos? _____

b) ¿Entendiste los modelos presentados en el nuevo cuadro? _____

c) ¿Entendiste la función de cada columna del cuadro? _____

d) ¿Puedes escribir tus propios ejemplos con la ayuda de un diccionario? _____

e) ¿Crees que tienes la capacidad para entender el inglés escrito? _____

EJERCICIO FINAL:

- El verbo *be* en pasado simple tiene _____ formas.
- La forma que se usa con "I" es _____.
- La forma que se usa con "We", "You" y "They" es ____.
- La forma para "She", "He" e "It" es _____.
- Para pasar de la forma afirmativa a la negativa _____
  _____.
- Para hacer preguntas _____.

WHAT ABOUT YOU? ¿Qué hay acerca de tí?

1. Were you in this city last year?

2. Were you at work last week?

3. Were you downtown yesterday?

4. Were you a student two years ago?

5. Were you sick last Monday?

6. Was last Friday good for you?

7. Was your last vacation interesting?

8. Was it a beach vacation?

9. Can you do it again?

10. Can you go there by train?

11. When were you born?

12. Where were you born?

13. How old were you last year?

14. When was your best friend born?

15. Where was your best friend born?

16. How old was s/he last year?

17. When was your birthday?

18. Where was the celebration?

19. How were you?

20. Who was with you?

▶ Verifica la comprensión del cuestionario.
▶ Usa el diccionario si lo crees conveniente.
▶ Anota tus respuestas en tu cuaderno.

PREGUNTAS DE INFORMACIÓN

INFORMACIÓN ÚTIL:

- Se usan palabras interrogativas que inician con "WH" (who – what – where – when) o "H" (how – how often – how old – how long).
- Estas palabras se colocan antes de la estructura interrogativa.
- Se usan para obtener información específica sobre algo en particular.
- Estas preguntas no se responden con un "sí" o "no", sino con respuesta completa.

Palabra Interrogativa	Verbo	Sujeto	Sujeto	Verbo	Resto del enunciado
	was / era	I? / (yo)?	You / (Tú)	were / eras	Jerry. / Jerry.
	were / éramos	we? / (nosotros)?	You / (Ustedes)	were / eran	Tom and Tim. / Tom y Tim.
	were / eras/ eran	you? / (tú/ ustedes)?	We / (Nosotros)	were / éramos	Mr. and Mrs. Lee. / el Sr. y la Sra. Lee.
Who	were / eran	they? / (ellas/ ellos)?	They / (Ellos)	were / eran	Mary and Joe. / Mari y Pepe.
¿Quién/Quienes	was / era	she? / (ella)?	She / (Ella)	was / era	my mother. / mi mamá.
	was / era	he? / (él)?	He / (Él)	was / era	her husband. / su (de ella) esposo.
	was / era?	it?*	It	was / Era	Frank. / Paco.

Palabra Interrogativa	Verbo	Sujeto	Sujeto	Verbo	Resto del enunciado
	was / era	I? / (yo)?	You / (Tú)	were / eras	a dentist. / dentista.
	were / éramos	we? / (nosotros)?	You / (Ustedes)	were / eran	students. / estudiantes.
	were / eras/ eran	you? / (tú/ ustedes)?	We / (Nosotros)	were / éramos	Canadians. / Canadienses.
What / ¿Qué	were / eran	they? / (ellas/ellos)?	They / (Ellos)	were / eran	firefighters. / bomberos.
	was / era	she? / ella?	She / (Ella)	was / era	my teacher. / mi maestra.
	was / era	he? / él?	He / (Él)	was / era	a carpenter. / un carpintero.
	was / era?	it? / (ello)?	It	was / Era	an opportunity. / una oportunidad.

Palabra Interrogativa	Verbo	Sujeto	Sujeto	Verbo	Resto del enunciado
	was / estaba	I? / (yo)?	You / (Tú)	were / estabas	at home. / en casa.
	were / estábamos	we? / (nosotros)?	You / (Ustedes)	were / estaban	at work. / en el trabajo.
	were / estabas/ estaban	you? / (tú/ ustedes)'?	We / (Nosotros)	were / estabamos	at the concert. / en el conciero.
Where / ¿Dónde	were / estaban	they? / (ellas/ ellos)?	They / (Ellos)	were / estaban	at the museum. / en el museo.
	was / estaba	she? / ella?	She / (Ella)	was / estaba	in the office. / en la oficina.
	was / estaba	he? / él?	He / (Él)	was / estaba	in the subway. / en el metro.
	is / estaba	it? / (ello)?	It	was / Estaba	on the floor. / en el suelo.

Palabra Interrogativa	Verbo	Sujeto	Sujeto	Verbo	Resto del enunciado
How ¿Cómo	was era/estaba	I? (yo)?	You (Tú)	were eras/estabas	nice/fine. agradable/bien.
	were eramos/estábamos	we? (nosotros)?	You (Ustedes)	were eran/estaban	good/OK. buenos/OK.
	were eran/estaban	you? (ustedes)?	We (Nosotros)	were eramos/estábamos	serious/well. serios/bien.
	were eran/estaban	they? (ellas/ellos)?	They (Ellos)	were eran/estaban	cool/sick. tranquilos/enfermos.
	was era/estaba	she? ella?	She (Ella)	was era/estaba	nervous/happy. nerviosa/feliz.
	was era/estaba	he? él?	He (Él)	was era/estaba	active/unhappy. activo/infeliz.
	was era/estaba	it? (ello)?	It	was Era/Estaba	excellent/ugly. excelente/feo(a).

Palabra Interrogativa	Verbo	Sujeto	Sujeto	Verbo	Resto del enunciado
How old ¿Cuántos años	was tenía	I? (yo)?	You (Tú)	were tenías	ten years old. diez años.
	were teníamos	we? (nosotros)?	You (Ustedes)	were tenían	twenty. veinte.
	were tenían	you? (ustedes)?	We (Nosotros)	were teníamos	eight. ocho.
	were tenían	they? (ellas/ellos)?	They (Ellos)	were tenían	eighty. ochenta.
	was tenía	she? (ella)?	She (Ella)	was tenía	fifteen. quince.
	was tenía	he? (él)?	He (Él)	was tenía	thirty. treinta.
	wass tenía	it? (ello)?	It	was Tenía	two. dos.

2. PASADO SIMPLE (DID)

INFORMACIÓN ÚTIL:

- Se usa para expresar acciones que se realizaron en pasado pero ya terminaron.
- Los verbos se agrupan en "regulares" e "irregulares".
- Los verbos "regulares", que son la mayoría, agregan la terminación "d" o "ed" al final del verbo.
- Los "verbos irregulares"* tienen forma propia. Los encuentras enlistados en la mayoría de diccionarios bilingües.

2.1 FORMA AFIRMATIVA (NO LLEVA AUXILIAR, VERBO EXPRESA ACCIÓN).

▶ Observa con cuidado el siguiente cuadro.

SUJETO	VERBO AUXILIAR	VERBO	COMPLEMENTO
I (Yo)	X	spoke* hablé	Spanish. español.
We (Nosotros)	X	work**ed** trabajábamos	in an office. en una oficina.
You (Tú/Usted/es)	X	play**ed** jugaste/ jugó/jugaron	soccer. fútbol.
They (Ellos/Ellas)	X	live**d** vivieron	in Rome. en Roma.
He (Él)	X	**got*** se levantó	up early. temprano.
She (Ella)	X	stud**ied** estudió	literature. literatura.
It	X	rain**ed** Llovió	yesterday. ayer.

▶ Contesta SI o NO.

	SI	NO
a) No hay verbo auxiliar porque el verbo basta para expresar la acción.	☐	☐
b) Hay tres grupos de enunciados.	☐	☐
c) Ningún grupo agrega "s" o "es".	☐	☐
d) Se usan todas las personas gramaticales.	☐	☐
e) Aunque no se usa se menciona un nuevo elemento estructural.	☐	☐
f) El tiempo sirve para expresar acciones terminadas.	☐	☐
g) El tiempo sirve para expresar lo que se está haciendo en el momento.	☐	☐
h) Pudiste entender el significado de los enunciados.	☐	☐

VERBOS IRREGULARES EN ESTA SECCIÓN

▶ Anota sobre la línea el equivalente del infinitivo en español.
▶ Usa tu diccionario si lo crees necesario.

Español	Infinitivo	Pasado	Español	Infinitivo	Pasado	Español	Infinitivo	Pasado
ser/estar	be	was/were	_____	begin	began	_____	buy	bought
_____	come	came	_____	cut	cut	_____	do	did
_____	drink	drank	_____	drive	drove	_____	eat	ate
_____	fly	flew	_____	get	got	_____	give	gave
_____	go	went	_____	have	had	_____	leave	left
_____	make	made	_____	read	read	_____	ring	rang
_____	run	ran	_____	see	saw	_____	sell	sold
_____	send	sent	_____	sing	sang	_____	sit	sat
_____	sleep	slept	_____	speak	spoke	_____	swim	swam
_____	take	took	_____	tell	told	_____	wear	wore
_____	write	wrote						

AUTOEVALUACIÓN: *Contesta las siguientes preguntas, escribe del 1 al 5, siendo el 5 el valor máximo y el 1 el valor mínimo.*

a) La **INFORMACIÓN ÚTIL** es una sección que te ayudó. _____

b) ¿Entendiste los modelos presentados en el cuadro? _____

c) ¿Entendiste la función de cada columna del cuadro? _____

d) ¿Entendiste el significado de cada enunciado? _____

e) ¿Crees que puedes alcanzar mayores logros con este material? _____

Tiempo de aplicar:

▶ Ahora completa la columna faltante.
▶ Si lo consideras necesario puedes consultar tu diccionario.

SUJETO	VERBO AUXILIAR	VERBO	RESTO DEL ENUNCIADO
I	X	walked	
We	X	ate	
You	X	called	
They	X	ran	
He	X	closed	
She	X	went	
It	X	landed	

▶ Puedes comparar tus respuestas con las que se sugieren en la sección final.

▶ Vamos a completar la columna faltante. Creo que te será fácil.

▶ Si tienes dificultades con el significado, no dudes en usar el diccionario.

SUJETO	VERBO AUXILIAR	VERBO	RESTO DEL ENUNCIADO
	X	had	a dictionary.
	X	went	to school.
	X	read	e-mails.
	X	jogged	in the mornings.
	X	wrote	poems.
	X	played	basketball.
	X	looked	nice.

▶ No olvides verificar tus respuestas.

▶ Lee cuidadosamente el "resto del enunciado" para que escribas un verbo adecuado que exprese pasado.

SUJETO	VERBO AUXILIAR	VERBO	RESTO DEL ENUNCIADO
I	X		from Germany.
We	X		e-mails.
You	X		all night.
They	X		a supermarket.
He	X		his money.
She	X		in a drugstore.
It	X		in a small doghouse.

▶ Compara tus respuestas con las de la sección final.

2.2 FORMA NEGATIVA (VERBO EN FORMA SIMPLE, AUXILIAR MARCA TIEMPO Y FORMA)

▶ Compara este cuadro con el anterior para que veas semejanzas y diferencia.

SUJETO	VERBO AUXILIAR NEGATIVO	VERBO	RESTO DEL ENUNCIADO
I (Yo)	did not (didn't) no	speak hablé	Spanish. español.
We (Nosotros)	did not (didn't) no	work trabajábamos	in an office. en una oficina.
You (Tú/Usted/es)	did not (didn't) no	play jugaste/jugó/ jugaron	soccer. fútbol.
They (Ellos/Ellas)	did not (didn't) no	live vivieron	in Rome. en Toluca
He (Él)	did not (didn't) no	get se levantó	up early. temprano.
She (Ella)	did not (didn't) no	study estudió	literature. literatura.
It	did not (didn't) No	rain llovió	yesterday. ayer.

▶ Contesta SI o NO.   SI   NO

a) Hay verbo auxiliar porque el verbo no basta para expresar la acción.   ☐   ☐

b) Hay dos grupos de enunciados.   ☐   ☐

c) El verbo auxiliar, como tal, no tiene significado.   ☐   ☐

d) Se usan todas las personas gramaticales.   ☐   ☐

e) Se usa nuevo elemento estructural.   ☐   ☐

f) El tiempo sirve para expresar acciones terminadas.   ☐   ☐

g) El tiempo sirve para expresar lo que se está haciendo en el momento.   ☐   ☐

h) Pudiste entender el significado de los enunciados.   ☐   ☐

Tiempo de aplicar:

▶ Completa el siguiente cuadro.

SUJETO	VERBO AUXILIAR NEGATIVO	VERBO	RESTO DEL ENUNCIADO
	did not (didn't)	drive	the car.
	did not (didn't)	travel	to England.
	did not (didn't)	go	home.
	did not (didn't)	ask	any questions.
	did not (didn't)	understand	the book.
	did not (didn't)	write	an e-mail.
	did not (didn't)	work	with gas.

▶ Verifica la comprensión de los enunciados.
▶ Si es necesario usa tu diccionario.
▶ Compara tus respuestas con las de la sección final.

▶ Ahora llena la segunda columna.

SUJETO	VERBO AUXILIAR NEGATIVO	VERBO	RESTO DEL ENUNCIADO
I		eat	fish.
We		watch	the news.
You		see	the movie.
They		love	pets.
He		have	time.
She		practice	any sport.
It		receive	messages.

▶ Verifica la comprensión de los enunciados.
▶ Si es necesario usa tu diccionario
▶ Compara tus respuestas con las de la sección final.

► Completa el siguiente cuadro.

SUJETO	VERBO AUXILIAR NEGATIVO	VERBO	RESTO DEL ENUNCIADO
I	did not (didn't)		breakfast.
We	did not (didn't)		the clothes.
You	did not (didn't)		last Sunday.
They	did not (didn't)		to the bank.
He	did not (didn't)		the question.
She	did not (didn't)		a message.
It	did not (didn't)		much money.

► Verifica la comprensión de los enunciados.
► Si es necesario usa tu diccionario.
► Compara tus respuestas con las de la sección final.

► Observa la información para llenar la cuarta columna.

SUJETO	VERBO AUXILIAR NEGATIVO	VERBO	RESTO DEL ENUNCIADO
I	did not (didn't)	go	
We	did not (didn't)	surf	
You	did not (didn't)	call	
They	did not (didn't)	answer	
He	did not (didn't)	pay	
She	did not (didn't)	order	
It	did not (didn't)	have	

► Verifica la comprensión de los enunciados.
► Si es necesario usa tu diccionario
► Compara tus respuestas con las de la sección final.

2.3 FORMA INTERROGATIVA (VERBO EN FORMA SIMPLE, AUXILIAR MARCA TIEMPO Y FORMA, SIN SIGNIFICADO).

▶ Observa el cuadro detenidamente y localiza los cambios.

VERBO AUXILIAR	SUJETO	VERBO	RESTO DEL ENUNCIADO
Did	I	speak	Spanish?
¿	(Yo)	hablé	español?
Did	we	work	in an office?
¿	(Nosotros)	trabajamos	en una oficina?
Did	you	play	soccer?
¿	(Tú/Usted/es)	juegan	fútbol?
Did	they	live	in Rome?
¿	(Ellos/Ellas)	vivían	en Roma?
Did	he	get	up early?
¿	(Él)	se levantó	temprano?
Did	she	study	literature?
¿	(Ella)	estudió	literatura?
Did	it	rain	yesterday?
¿		Llovió	ayer?

INFORMACIÓN ÚTIL:

- Las preguntas que acabamos de ver intentan verificar una información para saber si es afirmativa o negativa.
- Se puede contestar con "Yes." o "No."
- Otras formas de contestar, que indican aceptación o negación, son las siguientes:

▪ Did you...?	Yes, I did.	No, I didn't.
▪ Did you...?	Yes, we did.	No, we didn't.
▪ Did I...?	Yes, you did.	No, you didn't.
▪ Did we...?	Yes, you did.	No, you didn't.
▪ Did they...?	Yes, they did.	No, they didn't.
▪ Did she...?	Yes, she did.	No, she didn't.
▪ Did he...?	Yes, he did.	No, he didn't.
▪ Did it...?	Yes, it did.	No, it didn't.

▶ Contesta SI o NO.   SI   NO

a) No hay verbo auxiliar porque el verbo basta
para expresar la acción.   ☐   ☐

b) Hay tres grupos de enunciados.   ☐   ☐

c) Ningún grupo agrega "s" o "es".   ☐   ☐

d) Se usan todas las personas gramaticales.   ☐   ☐

e) Aunque no se usa se menciona un nuevo
elemento estructural.   ☐   ☐

f) El tiempo sirve para expresar acciones
terminadas.   ☐   ☐

g) El tiempo sirve para expresar lo que se está
haciendo en el momento.   ☐   ☐

h) Pudiste entender el significado de los
enunciados.   ☐   ☐

Tiempo de aplicar:

▶ Completa el siguiente cuadro.

VERBO AUXILIAR	SUJETO	VERBO	RESTO DEL ENUNCIADO
	I	pay	for lunch?
	we	surf	the net?
	you	fill	the application?
	they	swim	in the river?
	he	cash	the check?
	she	do	the homework?
	it	cost	much money?

▶ Verifica la comprensión de las preguntas.

▶ Completa este cuadro.

VERBO AUXILIAR	SUJETO	VERBO	RESTO DEL ENUNCIADO
Did		call	home?
Did		forget	anything?
Did		fix	your car?
Did		sleep	well?
Did		check	his mail?
Did		go	by metro?
Did		snow	last February?

▶ Verifica la comprensión de las preguntas.

▶ Observa la información para llenar la tercera columna.

VERBO AUXILIAR	SUJETO	VERBO	RESTO DEL ENUNCIADO
Did	I		a problem?
Did	we		for help?
Did	you		the house?
Did	they		on time?
Did	he		a jet plane?
Did	she		John?
Did	it		with a manual?

▶ Verifica la comprensión de las preguntas.
▶ Compara tus respuestas con las de la sección final.

▶ Observa la información para llenar la cuarta columna.

VERBO AUXILIAR	SUJETO	VERBO	RESTO DEL ENUNCIADO
Did	I	call	
Did	we	have	
Did	you	like	
Did	they	see	
Did	he	come	
Did	she	pass	
Did	it	finish	

▶ Verifica la comprensión de las preguntas.
▶ Compara tus respuestas con las de la sección final.

▶ Contesta SI o NO.   SI   NO

a) El verbo auxiliar se usa en dos formas en el
pasado simple.   ☐   ☐

b) El verbo auxiliar hace lo que el verbo principal
no puede hacer.   ☐   ☐

c) El verbo auxiliar lleva la "s" en tercera persona
de singular.   ☐   ☐

d) Se usan todas las personas gramaticales.   ☐   ☐

e) Se usa un nuevo elemento estructural.   ☐   ☐

f) El tiempo sirve para expresar acciones
habituales.   ☐   ☐

g) El tiempo sirve para expresar algo que ya
sucedió.   ☐   ☐

h) Pudiste entender el significado de los
enunciados.   ☐   ☐

i) Tienes dos formas para contestar las
preguntas.   ☐   ☐

EJERCICIO FINAL:

- El verbo *do* en pasado simple tiene _____ forma(s).
- La forma que se usa con "I" es _____.
- La forma que se usa con "We", "You" y "They" es _____.
- La forma para "She", "He" e "It" es _____.
- Para pasar de la forma afirmativa a la negativa _____.
- Para hacer preguntas _____.

PREGUNTAS DE INFORMACIÓN

INFORMACIÓN ÚTIL:

- Se usan palabras interrogativas que inician con "WH" (who – what – where – when) o "H" (how – how often – how old – how long).
- Estas palabras se colocan antes de la estructura interrogativa.
- Se usan para obtener información específica sobre algo en particular.
- Estas preguntas no se responden con un "sí" o "no".

PALABRA INTERROGATIVA	VERBO AUXILIAR	SUJETO	VERBO	RESTO DEL ENUNCIADO
What ¿Qué	did	I	do hice	in an office? en una oficina?
Where ¿Dónde	did	we	buy compramos	oranges? naranjas?
When ¿Cuándo	did	you	go fuimos	home? a casa?
Who ¿A quién	did	they	sell se vendieron	magazines to? las revistas?
How ¿Cómo	did	he*	go fue	to work? al trabajo
¿How often ¿Qué tan seguido	did	she*	work trabajó	on a computer? en una computadora?
¿How long ¿Cuánto tiempo	did	it*	take tomó	to get downtown? llegar al centro?

WHAT ABOUT YOU?

1. What did you do in the morning?

2. What did your friend do in the morning?

3. What did you like to play at school?

4. What did he/she like to play at school?

5. What did you like to read last year?

6. What did he/she like to read last year?

7. Where did you love to eat?

8. Where did he/she love to eat?

9. How did you go downtown?

10. How did he/she go downtown?

11. Did you exercise last week?

12. Did your friend exercise too?

13. Did you buy jeans last week?

14. Did he/she buy jeans too?

15. Did you rent a movie yesterday?

16. Did he/she lend you a laptop?

17. Did your friends like to dance?

18. Did they have parties last month?

19. Did they work last semester?

20. Did they play on a team?

▶ Verifica la comprensión del cuestionario.
▶ Usa el diccionario si lo crees conveniente.
▶ Anota tus respuestas en tu cuaderno.

3. PASADO SIMPLE (COULD)

INFORMACIÓN ÚTIL:

- Expresa poder, habilidad para hacer algo en pasado.
- Se usa para expresar acciones que se realizaron en pasado pero ya terminaron.
- Se usa para expresar algo que sería posible o deseable hacer en el pasado.
- Los verbos principales se usan en forma simple.
- Se usa como forma para hacer invitaciones en presente, en forma interrogativa.

3.1 FORMA AFIRMATIVA (VERBO EN FORMA SIMPLE, AUXILIAR MARCA TIEMPO Y FORMA Y TIENE SIGNIFICADO)

▶ Observa este cuadro.
▶ ¿Te resulta familiar o es diferente a los que conoces?

SUJETO	VERBO AUXILIAR	VERBO	RESTO DEL ENUNCIADO
I (Yo)	could pude/podría	speak hablar	Spanish. español.
We (Nosotros)	could pudimos/podríamos	work trabajar	in an office. en una oficina.
You (Tú/Usted/es)	could pudiste/pudo/pudieron podrías/podría/podrían	play jugar	soccer. fútbol.
They (Ellos/Ellas)	could pudieron/podrían	live vivir	in Rome. en Roma.
He (Él)	could pudo/podría	get levantarse	up early. temprano.
She (Ella)	could pudo/podría	study estudiar	literature. literatura.
It	could Pudo/Podría	rain llover	yesterday. ayer.

▶ Contesta SI o NO.	SI	NO
a) No hay verbo auxiliar porque el verbo basta para expresar la acción.	☐	☐
b) Hay dos grupos de enunciados.	☐	☐
c) El verbo auxiliar, como tal, tiene significado.	☐	☐
d) Se usan todas las personas gramaticales.	☐	☐
e) Aparece un nuevo elemento estructural.	☐	☐
f) El tiempo sirve para expresar acciones terminadas.	☐	☐
g) El tiempo sirve para expresar lo que puede hacerse en el momento.	☐	☐
h) Pudiste entender el significado de los enunciados.	☐	☐

AUTOEVALUACIÓN: *Contesta las siguientes preguntas, escribe del 1 al 5, siendo el 5 el valor máximo y el 1 el valor mínimo.*

a) La *INFORMACIÓN ÚTIL* es una sección que te ayudó. _____

b) ¿Entendiste los modelos presentados en el cuadro? _____

c) ¿Entendiste la función de cada columna del cuadro? _____

d) ¿Entendiste el significado de cada enunciado? _____

e) ¿Crees que puedes alcanzar mayores logros con este material? _____

Tiempo de aplicar:

▶ Ahora completa la columna faltante.
▶ Si lo consideras necesario puedes consultar tu diccionario.

SUJETO	VERBO AUXILIAR	VERBO	RESTO DEL ENUNCIADO
	could	play	chess.
	could	swim	long distances.
	could	be	punctual.
	could	travel	by car.
	could	learn	Italian.
	could	work	out for hours.
	could	run	very fast.

▶ Verifica la comprensión de los enunciados.
▶ Compara tus respuestas con las de la sección final.

▶ Ahora completa la columna faltante.
▶ Si lo consideras necesario puedes consultar tu diccionario.

SUJETO	VERBO AUXILIAR	VERBO	RESTO DEL ENUNCIADO
I		write	a book.
We		film	a video.
You		take	good pictures.
They		visit	London.
He		train	dogs.
She		make	nice dresses.
It		reproduce	CDs.

▶ Verifica la comprensión de los enunciados.
▶ Compara tus respuestas con las de la sección final.

▶ Ahora completa la columna faltante.
▶ Si lo consideras necesario puedes consultar tu diccionario.

SUJETO	VERBO AUXILIAR	VERBO	RESTO DEL ENUNCIADO
I	could		pizza.
We	could		rock and roll.
You	could		a souvenir.
They	could		it on TV.
He	could		a PC.
She	could		bilingual.
It	could		with a little gas.

▶ Verifica la comprensión de los enunciados.
▶ Compara tus respuestas con las de la sección final.

▶ Ahora completa la columna faltante.
▶ Si lo consideras necesario puedes consultar tu diccionario.

SUJETO	VERBO AUXILIAR	VERBO	RESTO DEL ENUNCIADO
I	could	recite	
We	could	understand	
You	could	quit	
They	could	dance	
He	could	cook	
She	could	ride	
It	could	live	

▶ Verifica la comprensión de los enunciados.
▶ Compara tus respuestas con las de la sección final.

3.2. FORMA NEGATIVA (VERBO EN FORMA SIMPLE, AUXILIAR MARCA TIEMPO Y FORMA).

▶ Observa el cuadro e identifica la diferencia con la forma afirmativa.

SUJETO	VERBO AUXILIAR NEGATIVO	VERBO	RESTO DEL ENUNCIADO
I (Yo)	could not (couldn't) no pude/podía	speak hablar	Spanish. español.
We (Nosotros)	could not (couldn't) no pudimos/podíamos	work trabajar	in an office. en una oficina.
You (Tú/Usted/es)	could not (couldn't) no pudiste/pudo/pudieron no podías/podía/podían	play jugar	soccer. fútbol.
They (Ellos/Ellas)	could not (couldn't) no pudieron/podían	live vivir	in Rome. en Roma.
He (Él)	could not (couldn't) no pudo/podía	get levantarse	up early. temprano.
She (Ella)	could not (couldn't) no pudo/podían	study estudiar	literature. literatura.
It	could not (couldn't) No pudo/podía	rain llover	yesterday. ayer.

▶ Verifica la comprensión de los enunciados.
▶ Usa el diccionario si es necesario.

▶ Contesta SI o NO.　　　　　　　　　　　　　SI　NO

a) No hay verbo auxiliar porque el verbo basta
para expresar la acción.　　　　　　　　　　　☐　☐

b) Hay dos grupos de enunciados.　　　　　　　☐　☐

c) Ningún grupo agrega "s" o "es".　　　　　　☐　☐

d) Se usan todas las personas gramaticales.　　☐　☐

e) Se usa nuevo elemento estructural.　　　　　☐　☐

f) El tiempo sirve para expresar acciones
terminadas.　　　　　　　　　　　　　　　　☐　☐

g) El tiempo sirve para expresar o que se está
haciendo en el momento.　　　　　　　　　　　☐　☐

h) Pudiste entender el significado de los
enunciados.　　　　　　　　　　　　　　　　☐　☐

Tiempo de aplicar:

▶ Ahora completa la columna faltante.
▶ Si lo consideras necesario puedes consultar tu diccionario.

SUJETO	VERBO AUXILIAR	VERBO	RESTO DEL ENUNCIADO
	could not (couldn't)	write	an article.
	could not (couldn't)	run	long distances.
	could not (couldn't)	be	serious.
	could not (couldn't)	buy	an apartament.
	could not (couldn't)	speak	Russian.
	could not (couldn't)	prepare	a salad.
	could not (couldn't)	give	the time.

▶ Verifica la comprensión de los enunciados.
▶ Compara tus respuestas con las de la sección final.

▶ Ahora completa la columna faltante.
▶ Si lo consideras necesario puedes consultar tu diccionario.

SUJETO	VERBO AUXILIAR	VERBO	RESTO DEL ENUNCIADO
I		work	at night.
We		make	the phone call.
You		take	the medicine.
They		repair	the bicycle.
He		open	the box.
She		go	to the hospital.
It		run	very fast.

▶ Verifica la comprensión de los enunciados.
▶ Compara tus respuestas con las de la sección final.

▶ Ahora completa la columna faltante.
▶ Si lo consideras necesario puedes consultar tu diccionario.

SUJETO	VERBO AUXILIAR	VERBO	RESTO DEL ENUNCIADO
I	could not (couldn't)		to the dentist.
We	could not (couldn't)		pork chops.
You	could not (couldn't)		baseball.
They	could not (couldn't)		to Africa.
He	could not (couldn't)		the newspaper.
She	could not (couldn't)		her laptop.
It	could not (couldn't)		calls.

▶ Verifica la comprensión de los enunciados.
▶ Compara tus respuestas con las de la sección final.

▶ Ahora completa la columna faltante.
▶ Si lo consideras necesario puedes consultar tu diccionario.

SUJETO	VERBO AUXILIAR	VERBO	RESTO DEL ENUNCIADO
I	could not (couldn't)	get	
We	could not (couldn't)	eat	
You	could not (couldn't)	visit	
They	could not (couldn't)	close	
He	could not (couldn't)	walk	
She	could not (couldn't)	go	
It	could not (couldn't)	heat	

▶ Verifica la comprensión de los enunciados.
▶ Compara tus respuestas con las de la sección final.

3.3 FORMA INTERROGATIVA (VERBO EN FORMA SIMPLE, AUXILIAR MARCA TIEMPO Y FORMA).

▶ Observa detenidamente para identificar las diferencias de este cuadro.

VERBO AUXILIAR	SUJETO	VERBO	RESTO DEL ENUNCIADO
Could ¿Pude/Podía	I (yo)	speak hablar	Spanish? español?
Could ¿Pudimos/Podíamos	we (nosotros)	work trabajar	in an office? en una oficina?
Could ¿Pudiste/Pudo/ Pudieron Podías/Podía/n	you (tú/usted/es)	play jugar	soccer? fútbol?
Could ¿Pudieron/Podían	they (ellos/ellas)	live vivir	in Rome? en Roma?
Could ¿Pudo/Podía	he (él)	get levantarse	up early? temprano?
Could ¿Pudo/Podía	she (ella)	study estudiar	literature? literatura?
Could ¿Pudo/Podía	it	rain llover	yesterday? ayer?

▶ Verifica la comprensión de los enunciados.

INFORMACIÓN ÚTIL:

- Las preguntas que acabamos de ver intentan verificar una información para saber si es afirmativa o negativa.
- Se puede contestar con "Yes." O "No."
- Otras formas de contestar, que indican aceptación o negación, son las siguientes:

- Could you...? Yes, I could. No, I couldn't.
- Could you...? Yes, we could. No, we couldn't.
- Could I...? Yes, you could. No, you couldn't.
- Could we...? Yes, you could. No, you couldn't.
- Could they...? Yes, they could. No, they couldn't.
- Could she...? Yes, she could. No, she couldn't.
- Could he...? Yes, he could. No, he couldn't.
- Could it...? Yes, it could. No, it couldn't.

▶ Contesta SI o NO.

	SI	NO
a) No hay verbo auxiliar porque el verbo basta para expresar la acción.	☐	☐
b) Hay dos grupos de enunciados.	☐	☐
c) Ningún grupo agrega "s" o "es".	☐	☐
d) Se usan todas las personas gramaticales.	☐	☐
e) Se usa nuevo elemento estructural.	☐	☐
f) El tiempo sirve para expresar acciones terminadas.	☐	☐
g) El tiempo sirve para expresar o que se está haciendo en el momento.	☐	☐
h) Pudiste entender el significado de los enunciados.	☐	☐

▶ Compara tus respuestas con las de la sección final.

▶ Ahora completa la columna faltante.
▶ Si lo consideras necesario puedes consultar tu diccionario.

VERBO AUXILIAR	SUJETO	VERBO	RESTO DEL ENUNCIADO
	I	rent	a house?
	we	have	a soda?
	you	rest	a little?
	they	stay	in a hotel?
	he	get	a job?
	she	sell	books?
	it	function	on snow?

▶ Verifica la comprensión de los enunciados.
▶ Compara tus respuestas con las de la sección final.

▶ Ahora completa la columna faltante.
▶ Si lo consideras necesario puedes consultar tu diccionario.

VERBO AUXILIAR	SUJETO	VERBO	RESTO DEL ENUNCIADO
Could		speak	to the manager?
Could		send	the e-mail?
Could		obtain	the information?
Could		get	the bus tickets?
Could		buy	the guitar?
Could		see	the eclipse?
Could		heat	bread?

▶ Verifica la comprensión de los enunciados.

- ▶ Ahora completa la columna faltante.
- ▶ Si lo consideras necesario puedes consultar tu diccionario.

VERBO AUXILIAR	SUJETO	VERBO	RESTO DEL ENUNCIADO
Could	I		the doctor?
Could	we		to them?
Could	you		the phone?
Could	they		the program?
Could	he		the novel?
Could	she		to Canada?
Could	it		the document?

- ▶ Verifica la comprensión de los enunciados.
- ▶ Compara tus respuestas con las de la sección final.

- ▶ Ahora completa la columna faltante.
- ▶ Si lo consideras necesario puedes consultar tu diccionario.

VERBO AUXILIAR	SUJETO	VERBO	RESTO DEL ENUNCIADO
Could	I	have	
Could	we	try	
Could	you	lend	
Could	they	return	
Could	he	check	
Could	she	see	
Could	it	make	

- ▶ Verifica la comprensión de los enunciados.
- ▶ ¿Pusiste signo de interrogación al final de cada pregunta?
- ▶ Compara tus respuestas con las de la sección final.

▶ Contesta SI o NO.   SI   NO

a) El verbo auxiliar se usa en dos formas en el
pasado simple.   ☐   ☐

b) El verbo auxiliar hace lo que el verbo
principal no puede hacer.   ☐   ☐

c) El verbo auxiliar lleva la "s" en tercera
persona de singular.   ☐   ☐

d) Se usan todas las personas gramaticales.   ☐   ☐

e) Se usa un nuevo elemento estructural.   ☐   ☐

f) El tiempo sirve para expresar acciones
habituales.   ☐   ☐

g) El tiempo sirve para expresar algo que ya
sucedió.   ☐   ☐

h) Pudiste entender el significado de los
enunciados.   ☐   ☐

i) Tienes dos formas para contestar las
preguntas.   ☐   ☐

   ▶   Compara tus respuestas con las de la sección final.

EJERCICIO FINAL:

- El verbo *could* en pasado simple tiene _____ forma(s).
- La forma que se usa con "I" es _____.
- La forma que se usa con "We", "You" y "They" es _____.
- La forma para "She", "He" e "It" es _____.
- Para pasar de la forma afirmativa a la negativa _____
  _____.
- Para hacer preguntas _____.
- Compara tus respuestas con las de la sección final.

PREGUNTAS DE INFORMACIÓN

INFORMACIÓN ÚTIL:

- Se usan palabras interrogativas que inician con "WH" (who – what – where – when) o "H" (how – how often – how old – how long).
- Estas palabras se colocan antes de la estructura interrogativa.
- Se usan para obtener información específica sobre algo en particular.
- Estas preguntas no se responden con un "sí" o "no", se requiere respuesta completa.

PALABRA INTERROGATIVA	VERBO AUXILIAR	SUJETO	VERBO	RESTO DEL ENUNCIADO
What ¿Qué	could pude/podría	I (yo)	do hacer	in a circus? en un un circo?
Where ¿Dónde	could pudimos/ podríamos	we (nosotros)	buy comprar	a watch? un reloj?
When ¿Cuándo	could pudiste/pudo/ pudieron podrías/podría/n	you (tú/usted/ es)	go ir	to the movies? al cine?
Who ¿A quién	could pudieron/podrían	they (ellos/ellas)	sell vender	subscriptions to? las suscripciones?
How ¿Cómo	could pudo/podría	he (él)	go ir	home? a casa?
¿How often ¿Qué tan seguido	could pudo/podría	she (ella)	work trabajar	on the project? en el proyecto?
¿How long ¿Cuánto tiempo	could pudo/podría	it	take tomar	to get downtown? para llegar al centro?

WHAT ABOUT YOU?

1. What could you do in the afternoons?

2. What could your friend do in the morning?

3. What could you like to play on wekkends?

4. What could he/she like to playon weekends?

5. What could you like to read last year?

6. What could he/she like to read last year?

7. Where could you love to eat?

8. Where could he/she love to eat?

9. How could you go downtown?

10. How could he/she go downtown?

11. Could you exercise yesterday?

12. Could your friend exercise too?

13. Could you buy jeans last month?

14. Could he/she buy jeans too?

15. Could you rent a car yesterday?

16. Could he/she lend you a book?

17. Could your friends go dancing?

18. Could they go to parties last month?

19. Could they work last semester?

20. Could they play on a team?

- ▶ Verifica la comprensión del cuestionario.
- ▶ Usa el diccionario si lo crees conveniente.
- ▶ Anota tus respuestas en tu cuaderno.

4. CONDICIONAL (WOULD)

INFORMACIÓN ÚTIL:

- Se usa para expresar acciones hipotéticas que para ser realizadas estaban condicionadas a que sucediera otra acción en pasado simple.
- Expresa un hábito en el pasado, acción predictible que ya terminó.
- Se usa para hacer invitaciones en forma interrogativa.
- Se usa para hacer sugerencias en forma afirmativa.

4.1 FORMA AFIRMATIVA (VERBO EN FORMA SIMPLE, AUXILIAR MARCA TIEMPO Y FORMA).

- ▶ Observa este cuadro.
- ▶ ¿La organización te resulta familiar o es diferente a las que conoces?

SUJETO	VERBO AUXILIAR	VERBO	RESTO DEL ENUNCIADO
I (Yo)	would ('d)	speak hablaría	Spanish. español.
We (Nosotros)	would ('d)	work trabajaríamos	in an office. en una oficina.
You (Tú/Usted/es)	would ('d)	play jugarías/jugaría/n	soccer. fútbol.
They (Ellos/Ellas)	would ('d)	live vivirían	in Rome. en Roma.
He (Él)	would ('d)	get se levantaría	up early. temprano.
She (Ella)	would ('d)	study estudiaría	literature. literatura.
It	would ('d)	rain Llovería	yesterday. ayer.

▶ Contesta SI o NO. 　　　　　　　　　　　　　SI　NO

a) Hay verbo auxiliar porque el verbo no basta
para expresar la acción. 　　　　　　　　　　　□　□

b) El verbo auxiliar no tiene significado. 　　　□　□

c) Ningún grupo agrega "s" o "es". 　　　　　　□　□

d) Se usan todas las personas gramaticales. 　□　□

e) Aparece un nuevo elemento estructural. 　　□　□

f) El tiempo sirve para expresar acciones
terminadas. 　　　　　　　　　　　　　　　　□　□

g) El tiempo sirve para expresar hipótesis,
sugerencias o invitaciones. 　　　　　　　　　□　□

h) Pudiste entender el significado de los
enunciados. 　　　　　　　　　　　　　　　　□　□

AUTOEVALUACIÓN: *Contesta las siguientes preguntas,
escribe del 1 al 5, siendo el 5 el valor máximo y el 1 el valor
mínimo.*

a) La **INFORMACIÓN ÚTIL** es una sección que te
ayudó. 　　　　　　　　　　　　　　　　　　_____

b) ¿Entendiste los modelos presentados en el
cuadro? 　　　　　　　　　　　　　　　　　_____

c) ¿Entendiste la función de cada columna del
cuadro? 　　　　　　　　　　　　　　　　　_____

d) ¿Entendiste el significado de cada enunciado?　_____

e) ¿Crees que puedes alcanzar mayores logros con
este material? 　　　　　　　　　　　　　　_____

Tiempo de aplicar:

▶ Ahora completa la columna faltante.
▶ Si lo consideras necesario puedes consultar tu diccionario.

SUJETO	VERBO AUXILIAR	VERBO	RESTO DEL ENUNCIADO
	would ('d)	buy	a new suit.
	would ('d)	walk	to the office.
	would ('d)	have	coffee at night.
	would ('d)	drink	lemonade.
	would ('d)	get	up early if possible.
	would ('d)	cook	mole sauce.
	would ('d)	arrive	at five o'clock.

▶ Verifica la comprensión de los enunciados.
▶ Compara tus respuestas con las de la sección final.

▶ Ahora completa la columna faltante.
▶ Si lo consideras necesario puedes consultar tu diccionario.

SUJETO	VERBO AUXILIAR	VERBO	RESTO DEL ENUNCIADO
I		like	a capuccino.
We		have	a holiday.
You		love	a hot dog.
They		make	a reservation.
He		go	by train.
She		check	her GPS.
It		tell	the temperature.

▶ Verifica la comprensión de los enunciados.
▶ Compara tus respuestas con las de la sección final.

▶ Ahora completa la columna faltante.
▶ Si lo consideras necesario puedes consultar tu diccionario.

SUJETO	VERBO AUXILIAR	VERBO	RESTO DEL ENUNCIADO
I	would ('d)		to the theater.
We	would ('d)		pro players.
You	would ('d)		a magazine.
They	would ('d)		all morning.
He	would ('d)		to his office.
She	would ('d)		the sports page.
It	would ('d)		the door.

▶ Verifica la comprensión de los enunciados.
▶ Compara tus respuestas con las de la sección final.

▶ Ahora completa la columna faltante.
▶ Si lo consideras necesario puedes consultar tu diccionario.

SUJETO	VERBO AUXILIAR	VERBO	RESTO DEL ENUNCIADO
I	would ('d)	have	
We	would ('d)	play	
You	would ('d)	take	
They	would ('d)	jog	
He	would ('d)	check	
She	would ('d)	do	
It	would ('d)	eat	

▶ Verifica la comprensión de los enunciados.
▶ Compara tus respuestas con las de la sección final.

4.2 FORMA NEGATIVA (VERBO EN FORMA SIMPLE, AUXILIAR MARCA TIEMPO Y FORMA).

▶ Observa este cuadro.
▶ ¿La organización te resulta familiar o es diferente a las que conoces?

SUJETO	VERBO AUXILIAR NEGATIVO	VERBO	RESTO DEL ENUNCIADO
I (Yo)	would not (wouldn't) no	speak hablaría	Spanish. español.
We (Nosotros)	would not (wouldn't) no	work trabajaríamos	in an office. en una oficina.
You (Tu/Usted/es)	would not (wouldn't) no	play jugarías/ jugaría/n	soccer. futbol.
They (Ellos/Ellas)	would not (wouldn't) no	live vivirían	in Rome. en Roma.
He (Él)	would not (wouldn't) no	get se levantaría	up early. temprano.
She (Ella)	would not (wouldn't) no	study estudiaría	literature. literatura.
It	would not (wouldn't) No	rain llovería	yesterday. ayer.

▶ Contesta SI o NO.   SI   NO

a) Hay verbo auxiliar porque el verbo no basta
para expresar la acción.   ☐   ☐

b) El verbo principal agrega la terminacion *"ía"* y
variantes.   ☐   ☐

c) Puedes contraer el auxiliar y la negacion.   ☐   ☐

d) Se usan todas las personas gramaticales.   ☐   ☐

e) Aparece un nuevo elemento estructural.   ☐   ☐

f) El tiempo sirve para expresar acciones
terminadas.   ☐   ☐

g) El tiempo sirve para expresar hipótesis,
sugerencias o invitaciones.   ☐   ☐

h) Pudiste entender el significado de los
enunciados.   ☐   ☐

*AUTOEVALUACIÓN: Contesta las siguientes preguntas,
escribe del 1 al 5, siendo el 5 el valor máximo y el 1 el valor
mínimo.*

a) La **INFORMACIÓN ÚTIL** es una sección que te
ayudó.   _____

b) ¿Entendiste los modelos presentados en el
cuadro?   _____

c) ¿Entendiste la función de cada columna del
cuadro?   _____

d) ¿Entendiste el significado de cada enunciado?   _____

e) ¿Crees que puedes alcanzar mayores logros con
este material?   _____

Tiempo de aplicar:

- ▶ Ahora completa la columna faltante.
- ▶ Si lo consideras necesario puedes consultar tu diccionario.

SUJETO	VERBO AUXILIAR NEGATIVO	VERBO	RESTO DEL ENUNCIADO
	would not (wouldn't)	buy	a loft.
	would not (wouldn't)	eat	cake.
	would not (wouldn't)	walk	in the snow.
	would not (wouldn't)	travel	by plane.
	would not (wouldn't)	take	a nap.
	would not (wouldn't)	go	to the gym.
	would not (wouldn't)	take	messages.

- ▶ Verifica la comprensión de los enunciados.
- ▶ Compara tus respuestas con las de la sección final.

- ▶ Ahora completa la columna faltante.
- ▶ Si lo consideras necesario puedes consultar tu diccionario.

SUJETO	VERBO AUXILIAR NEGATIVO	VERBO	RESTO DEL ENUNCIADO
I		watch	TV.
We		drive	a motorboat.
You		eat	the cheese.
They		have	lunch.
He		order	pizza.
She		go	camping.
It		leave	on time.

- ▶ Verifica la comprensión de los enunciados.
- ▶ Compara tus respuestas con las de la sección final.

▶ Ahora completa la columna faltante.
▶ Si lo consideras necesario puedes consultar tu diccionario.

SUJETO	VERBO AUXILIAR NEGATIVO	VERBO	RESTO DEL ENUNCIADO
I	would not (wouldn't)		a pet.
We	would not (wouldn't)		jeans.
You	would not (wouldn't)		a helicopter.
They	would not (wouldn't)		Latin.
He	would not (wouldn't)		the check.
She	would not (wouldn't)		science fiction.
It	would not (wouldn't)		in winter.

▶ Verifica la comprensión de los enunciados.
▶ Compara tus respuestas con las de la sección final.

▶ Ahora completa la columna faltante.
▶ Si lo consideras necesario puedes consultar tu diccionario.

SUJETO	VERBO AUXILIAR NEGATIVO	VERBO	RESTO DEL ENUNCIADO
I	would not (wouldn't)	drink	
We	would not (wouldn't)	sleep	
You	would not (wouldn't)	swim	
They	would not (wouldn't)	go	
He	would not (wouldn't)	spend	
She	would not (wouldn't)	smoke	
It	would not (wouldn't)	produce	

▶ Verifica la comprensión de los enunciados.
▶ Compara tus respuestas con las de la sección final.

4.3 FORMA INTERROGATIVA (VERBO EN FORMA SIMPLE, AUXILIAR MARCA TIEMPO Y FORMA).

▶ Observa este cuadro.
▶ ¿La organización te resulta familiar o es diferente a las que conoces?

VERBO AUXILIAR	SUJETO	VERBO	RESTO DEL ENUNCIADO
Would	I ¿(Yo)	speak hablaría	Spanish? español?
Would	we ¿(Nosotros)	work trabajaríamos	in an office? en una oficina?
Would	you ¿(Tú/Usted/es)	play jugarías/jugaría/s	soccer? futbol?
Would	they ¿(Ellos/Ellas)	live vivirían	in Rome? en Roma?
Would	he ¿(Él)	get se levantaría	up early? temprano?
Would	she ¿(Ella)	study estudiaría	literature? literatura?
Would	it	rain ¿Llovería	yesterday? ayer?

INFORMACIÓN ÚTIL:

• Las preguntas que acabamos de ver intentan verificar una información para saber si es afirmativa o negativa.
• Se puede contestar con "Yes." o "No."
• Otras formas de contestar, que indican aceptación o negación, son las siguientes:

▪ Would you...? Yes, I would.   No, I wouldn't.
▪ Would you...? Yes, we would. No, we wouldn't.
▪ Would I...?   Yes, you would. No, you wouldn't.
▪ Would we...? Yes, you would. No, you wouldn't.
▪ Would they...? Yes, they would. No, they wouldn't.
▪ Would she...? Yes, she would. No, she wouldn't.
▪ Would he...? Yes, he would. No, he wouldn't.
▪ Would it...? Yes, it would. No, it wouldn't.

▶ Contesta SI o NO.   SI   NO

a) No hay verbo auxiliar porque el verbo basta
para expresar la acción.   ☐   ☐

b) Hay dos grupos de enunciados.   ☐   ☐

c) Ningún grupo agrega "s" o "es".   ☐   ☐

d) Se usan todas las personas gramaticales.   ☐   ☐

e) Se usa nuevo elemento estructural.   ☐   ☐

f) El tiempo sirve para expresar acciones
terminadas.   ☐   ☐

g) El tiempo sirve para expresar o que se está
haciendo en el momento.   ☐   ☐

h) Pudiste entender el significado de los
enunciados.   ☐   ☐

▶ Compara tus respuestas con las de la sección final.

▶ Ahora completa la columna faltante.
▶ Si lo consideras necesario puedes consultar tu diccionario.

VERBO AUXILIAR	SUJETO	VERBO	RESTO DEL ENUNCIADO
	I	use	a dictionary?
	we	get	get up late?
	you	buy	an old car?
	they	go	water skiing?
	he	lock	the door?
	she	make	the trip?
	it	prepare	expresso?

▶ Verifica la comprensión de los enunciados.
▶ Compara tus respuestas con las de la sección final.

▶ Ahora completa la columna faltante.
▶ Si lo consideras necesario puedes consultar tu diccionario.

VERBO AUXILIAR	SUJETO	VERBO	RESTO DEL ENUNCIADO
Would		go	dancing?
Would		move	to the city?
Would		write	for a newspaper?
Would		take	vitamins?
Would		like	apple pie?
Would		drink	chocolate?
Would		contain	caffeine?

▶ Verifica la comprensión de los enunciados.
▶ Compara tus respuestas con las de la sección final.

▶ Ahora completa la columna faltante.
▶ Si lo consideras necesario puedes consultar tu diccionario.

VERBO AUXILIAR	SUJETO	VERBO	RESTO DEL ENUNCIADO
Would	I		that?
Would	we		a good time?
Would	you		a song?
Would	they		a party?
Would	he		a horse?
Would	she		for a ride?
Would	it		a CD?

▶ Verifica la comprensión de los enunciados.
▶ Compara tus respuestas con las de la sección final.

▶ Ahora completa la columna faltante.
▶ Si lo consideras necesario puedes consultar tu diccionario.

VERBO AUXILIAR	SUJETO	VERBO	RESTO DEL ENUNCIADO
Would	I	need	
Would	we	have	
Would	you	take	
Would	they	wear	
Would	he	make	
Would	she	call	
Would	it	work	

▶ Verifica la comprensión de los enunciados.
▶ Compara tus respuestas con las de la sección final.

▶ Contesta SI o NO.   SI   NO

a) El verbo auxiliar se usa en dos formas en el pasado simple.   ☐   ☐

b) El verbo auxiliar hace lo que el verbo principal no puede hacer.   ☐   ☐

c) El verbo auxiliar lleva la "s" en tercera persona de singular.   ☐   ☐

d) Se usan todas las personas gramaticales.   ☐   ☐

e) Se usa un nuevo elemento estructural.   ☐   ☐

f) El tiempo sirve para expresar acciones habituales.   ☐   ☐

g) El tiempo sirve para expresar algo que ya sucedió.   ☐   ☐

h) Pudiste entender el significado de los enunciados.   ☐   ☐

i) Tienes dos formas para contestar las preguntas.   ☐   ☐

▶ Compara tus respuestas con las de la sección final.

EJERCICIO FINAL:

- El verbo *would* en pasado simple tiene _____ forma(s).
- La forma que se usa con "I" es _____.
- La forma que se usa con "We", "You" y "They" es _____.
- La forma para "She", "He" e "It" es _____.
- Para pasar de la forma afirmativa a la negativa _____
  _____.
- Para hacer preguntas _____.
- Compara tus respuestas con las de la sección final.

PREGUNTAS DE INFORMACIÓN

INFORMACIÓN ÚTIL:

- Se usan palabras interrogativas que inician con "WH" (who – what – where – when) o "H" (how – how often – how old – how long).
- Estas palabras se colocan antes de la estructura interrogativa.
- Se usan para obtener información específica sobre algo en particular.
- Estas preguntas no se responden con un "sí" o "no", se requiere respuesta completa.

PALABRA INTERRO-GATIVA	VERBO AUXILIAR	SUJETO	VERBO	RESTO DEL ENUNCIADO
What ¿Qué	would	I (yo)	do haría	in a circus? en un un circo?
Where ¿Dónde	would	we (nosotros)	buy compraríamos	a watch? un reloj?
When ¿Cuándo	would	you (tú/usted/es)	go irías/iría/n	to the movies? al cine?
Who ¿A quién	would	they (ellos/ellas)	sell venderían	subscriptions to? las suscripciones?
How ¿Cómo	would	he (él)	go iría	home? a casa?
¿How often ¿Qué tan seguido	would	she (ella)	work trabajaría	on the project? en el proyecto?
¿How long ¿Cuánto tiempo	would	it	take tomaría	to get downtown? para llegar al centro?

WHAT ABOUT YOU?

1. What would you do on a rainy day?

2. What would your friend do in the morning?

3. What would you like to play on weekends?

4. What would he/she like to play on weekends?

5. What would you love to read last year?

6. What would he/she love to read last year?

7. Where would you hate to eat?

8. Where would he/she hate to eat?

9. How would you go downtown in your city?

10. How would he/she go downtown?

11. Would you exercise yesterday?

12. Would your friend exercise too?

13. Would you buy jeans on sale?

14. Would he/she buy jeans too?

15. Would you rent a car on vacation?

16. Would he/she lend you a book?

17. Would your friends go dancing?

18. Would they go to parties with you?

19. Would they work in a restaurant?

20. Would they play on a team?

▶ Verifica la comprensión del cuestionario.
▶ Usa el diccionario si lo crees conveniente.
▶ Anota tus respuestas en tu cuaderno.

5. PASADO PROGRESIVO (WAS-WERE)

INFORMACIÓN ÚTIL:

- Se usa para expresar acciones que se relizaron durante un periodo de tiempo en el pasado.
- Se usa para indicar una accion que se estaba realizando, pero fue interrumpida por otra accion en pasado simple.

5.1 FORMA AFIRMATIVA (VERBO EN PARTICIPIO PRESENTE, AUXILIAR MARCA TIEMPO Y FORMA).

▶ Observa este cuadro.
▶ ¿La organización te resulta familiar o es diferente a las que conoces?

SUJETO	VERBO AUXILIAR	VERBO + ing	RESTO DEL ENUNCIADO
We (Nosotros)	were estuvimos/estábamos	work**ing** trabajando	in an office. en una oficina.
You (Tú/Usted/es)	were estuviste/estuvo/estuvieron estabas/estaba/n	play**ing** jugando	soccer. fútbol.
They (Ellos/Ellas)	were estuvieron/estaban	liv**ing** viviendo	in Rome. en Roma.
I (Yo)	was estuve/estaba	speak**ing** hablando	Spanish. español.
He (Él)	was estuvo/estaba	ge**tting** levantándose	up early. temprano.
She (Ella)	was estuvo/estaba	study**ing** estudiando	literature. literatura.
It	was Estuvo/Estaba	rain**ing** lloviendo	yesterday. ayer.

▶ Contesta SI o NO.

	SI	NO
a) Hay verbo auxiliar porque el verbo no basta para expresar la acción.	☐	☐
b) El verbo auxiliar no tiene significado.	☐	☐
c) Ningún grupo agrega "s" o "es".	☐	☐
d) Se usan todas las personas gramaticales.	☐	☐
e) Aparece un nuevo elemento estructural.	☐	☐
f) El tiempo sirve para expresar acciones terminadas.	☐	☐
g) El tiempo sirve para expresar hipótesis, sugerencias o invitaciones.	☐	☐
h) Pudiste entender el significado de los enunciados.	☐	☐

AUTOEVALUACIÓN: *Contesta las siguientes preguntas, escribe del 1 al 5, siendo el 5 el valor máximo y el 1 el valor mínimo.*

a) La **INFORMACIÓN ÚTIL** es una sección que te ayudó. _____

b) ¿Entendiste los modelos presentados en el cuadro? _____

c) ¿Entendiste la función de cada columna del cuadro? _____

d) ¿Entendiste el significado de cada enunciado? _____

e) ¿Crees que vas avanzando con este material? _____

Tiempo de aplicar:

▶ Ahora completa la columna faltante.
▶ Si lo consideras necesario puedes consultar tu diccionario.

SUJETO	VERBO AUXILIAR	VERBO + ing	RESTO DEL ENUNCIADO
	were	jogging	for three miles.
	were	filling	a form.
	were	doing	the dishes.
	was	painting	my house.
	was	sitting	on the floor.
	was	writing	on her laptop.
	was	making	noises.

▶ Verifica la comprensión de los enunciados.
▶ Compara tus respuestas con las de la sección final.

▶ Ahora completa la columna faltante.
▶ Si lo consideras necesario puedes consultar tu diccionario.

SUJETO	VERBO AUXILIAR	VERBO + ing	RESTO DEL ENUNCIADO
We		carrying	umbrellas.
You		answering	your cell.
They		driving	to San Francisco.
I		looking	for my pen.
He		cutting	a Christmas tree.
She		running	after the thief.
It		raining	all night yesterday.

▶ Verifica la comprensión de los enunciados.
▶ Compara tus respuestas con las de la sección final.

▶ Ahora completa la columna faltante.
▶ Si lo consideras necesario puedes consultar tu diccionario.

SUJETO	VERBO AUXILIAR	VERBO + ing	RESTO DEL ENUNCIADO
We	were		in the park.
You	were		for the bus.
They	were		by train.
I	was		at home.
He	was		to work.
She	was		breakfast.
It	was		at the cat.

▶ Verifica la comprensión de los enunciados.
▶ Compara tus respuestas con las de la sección final.

▶ Ahora completa la columna faltante.
▶ Si lo consideras necesario puedes consultar tu diccionario.

SUJETO	VERBO AUXILIAR	VERBO + ing	RESTO DEL ENUNCIADO
We	were	reading	
You	were	walking	
They	were	having	
I	was	taking	
He	was	swimming	
She	was	giving	
It	was	cooling	

▶ Verifica la comprensión de los enunciados.
▶ Compara tus respuestas con las de la sección final.

5.2 FORMA NEGATIVA (VERBO EN PARTICIPIO PRESENTE, AUXILIAR MARCA TIEMPO Y FORMA).

▶ Observa este cuadro.
▶ ¿La organización te resulta familiar o es diferente a las que conoces?

SUJETO	VERBO AUXILIAR NEGATIVO	VERBO + **ing**	RESTO DEL ENUNCIADO
We (Nosotros)	were not (weren't) no estuvimos/estábamos	work**ing** trabajando	in an office. en una oficina.
You (Tú/Usted/es)	were not (weren't) no estuviste/estuvo/ estuvieron no estabas/estaba/estaban	play**ing** jugando	soccer. fútbol.
They (Ellos/Ellas)	were not (weren't) no estuvieron/estaban	liv**ing** viviendo	in Rome. en Roma.
I (Yo)	was not (wasn't) no estuve/estaba	speak**ing** hablando	Spanish. español.
He (Él)	was not (wasn't) no estuvo/estaba	get**ting** levantándose	up early. temprano.
She (Ella)	was not (wasn't) no estuvo/estaba	study**ing** estudiando	literature. literatura.
It	was not (wasn't) No estuvo/estaba	rain**ing** lloviendo	yesterday. ayer.

▶ Contesta SI o NO.   SI   NO

a) Hay verbo auxiliar porque el verbo no basta para expresar la acción. ☐   ☐
b) El verbo auxiliar no tiene significado.   ☐   ☐
c) Se agrega una terminación al verbo principal.   ☐   ☐
d) Se usan todas las personas gramaticales.   ☐   ☐
e) Aparece un nuevo elemento estructural.   ☐   ☐
f) El tiempo sirve para expresar acciones pasadas en progreso.   ☐   ☐
g) El tiempo se puede combinar con pasado simple.   ☐   ☐
h) Hay tres grupos de enunciados.   ☐   ☐
i) Pudiste entender el significado de los enunciados.   ☐   ☐

AUTOEVALUACIÓN: Contesta las siguientes preguntas, escribe del 1 al 5, siendo el 5 el valor máximo y el 1 el valor mínimo.

a) La **INFORMACIÓN ÚTIL** es una sección que te ayudó. _____

b) ¿Entendiste los modelos presentados en el cuadro? _____

c) ¿Entendiste la función de cada columna del cuadro? _____

d) ¿Entendiste el significado de cada enunciado? _____

e) ¿Crees que es sencillo este material? _____

Tiempo de aplicar:

▶ Ahora completa la columna faltante.
▶ Si lo consideras necesario puedes consultar tu diccionario.

SUJETO	VERBO AUXILIAR NEGATIVO	VERBO + ing	RESTO DEL ENUNCIADO
	were not (weren't)	drinking	sodas.
	were not (weren't)	chatting	in the net.
	were not (weren't)	reading	the instructions.
	was not (wasn't)	carrying	a briefcase.
	was not (wasn't)	making	an apointment.
	was not (wasn't)	repairing	the blender.
	was not (wasn't)	ringing	very loud.

▶ Verifica la comprensión de los enunciados.
▶ Compara tus respuestas con las de la sección final.

▶ Ahora completa la columna faltante.
▶ Si lo consideras necesario puedes consultar tu diccionario.

SUJETO	VERBO AUXILIAR NEGATIVO	VERBO + ing	RESTO DEL ENUNCIADO
We		parking	in the street.
You		spraying	the plants.
They		giving	a news conference.
I		smoking	a pipe.
He		sitting	on the balcony.
She		wearing	a suit.
It		opening	on Sundays.

▶ Verifica la comprensión de los enunciados.
▶ Compara tus respuestas con las de la sección final.

▶ Ahora completa la columna faltante.
▶ Si lo consideras necesario puedes consultar tu diccionario.

SUJETO	VERBO AUXILIAR NEGATIVO	VERBO + ing	RESTO DEL ENUNCIADO
We	were not (weren't)		a nap.
You	were not (weren't)		dinner.
They	were not (weren't)		to the party.
I	was not (wasn't)		on the phone.
He	was not (wasn't)		e-mails.
She	was not (wasn't)		her car.
It	was not (wasn't)		properly.

▶ Verifica la comprensión de los enunciados.
▶ Compara tus respuestas con las de la sección final.

▶ Ahora completa la columna faltante.
▶ Si lo consideras necesario puedes consultar tu diccionario.

SUJETO	VERBO AUXILIAR NEGATIVO	VERBO + ing	RESTO DEL ENUNCIADO
We	were not (weren't)	buying	
You	were not (weren't)	using	
They	were not (weren't)	listening	
I	was not (wasn't)	sleeping	
He	was not (wasn't)	telling	
She	was not (wasn't)	checking	
It	was not (wasn't)	heating	

▶ Verifica la comprensión de los enunciados.
▶ Compara tus respuestas con las de la sección final.

5.3 FORMA INTERROGATIVA (VERBO EN PARTICIPIO PRESENTE, AUXILIAR MARCA TIEMPO Y FORMA).

▶ Observa este cuadro.
▶ ¿La organización te resulta familiar o es diferente a las que conoces?

VERBO AUXILIAR	SUJETO	VERBO	RESTO DEL ENUNCIADO
Were ¿Estuvimos/Estábamos	we (nosotros)	working trabajando	in an office? en una oficina?
Were ¿Estuviste/Estuvo/Estuvieron/ Estabas/Estaba/Estaban	you (tú/usted/es)	playing jugando	soccer? fútbol?
Were ¿Estuvieron/Estaban	they (ellos/ellas)	living viviendo	in Rome? en Roma?
Was ¿Estuve/Estaba	I (yo)	speaking hablando	Spanish? español?
Was ¿Estuvo/Estaba	he (él)	getting levantándose	up early? temprano?
Was ¿Estuvo/Estaba	she (ella)	studying estudiando	literature? literatura?
Was ¿Estuvo/Estaba	it	raining lloviendo	yesterday? ayer?

INFORMACIÓN ÚTIL:

- Las preguntas que acabamos de ver intentan verificar una información para saber si es afirmativa o negativa.
- Se puede contestar con "Yes." o "No."
- Otras formas de contestar, que indican aceptación o negación, son las siguientes:

- Were you...? Yes, I was.   No, I wasn't.
- Were you...? Yes, we were.   No, we weren't.
- Were we...? Yes, you were.   No, you weren't.
- Were they...?Yes, they were. No, they weren't.
- Was I...?   Yes, you were.   No, you weren't.
- Was she...? Yes, she was.   No, she wasn't.
- Was he...?   Yes, he was.   No, he wasn't.
- Was it...?   Yes, it was.   No, it wasn't.

Tiempo de aplicar:

▶ Contesta SI o NO.   SI NO

a) ¿Podemos llamar "respuestas cortas" a las anteriores? ☐ ☐

b) ¿La organización te resulta conocida? ☐ ☐

c) ¿Cada respuesta consta de dos elementos? ☐ ☐

d) Se usan todas las personas gramaticales. ☐ ☐

e) ¿Se parecen a los patrones estructurales que conoces? ☐ ☐

f) ¿En todas las respuestas se usa un verbo auxiliar? ☐ ☐

g) ¿Se proporciona información adicional? ☐ ☐

h) ¿Entendiste todas las respuestas? ☐ ☐

▶ Ahora completa la columna faltante.
▶ Si lo consideras necesario puedes consultar tu diccionario.

VERBO AUXILIAR	SUJETO	VERBO	RESTO DEL ENUNCIADO
	we	asking	for information?
	you	looking	for a job?
	they	coming	from the airport?
	I	sending	job applications?
	he	highlighting	the text?
	she	reporting	the accident?
	it	printing	in color?

▶ Verifica la comprensión de los enunciados.
▶ Compara tus respuestas con las de la sección final.

▶ Ahora completa la columna faltante.
▶ Si lo consideras necesario puedes consultar tu diccionario.

VERBO AUXILIAR	SUJETO	VERBO	RESTO DEL ENUNCIADO
Were		cleaning	the house?
Were		waiting	for a taxi?
Were		practicing	martial arts?
Was		working	hard?
Was		being	arrogant?
Was		making	progress?
Was		using	wind energy?

▶ Verifica la comprensión de los enunciados.
▶ Compara tus respuestas con las de la sección final.

► Ahora completa la columna faltante.
► Si lo consideras necesario puedes consultar tu diccionario.

VERBO AUXILIAR	SUJETO	VERBO	RESTO DEL ENUNCIADO
Were	we		a TV program?
Were	you		the beds?
Were	they		an account?
Was	I		my dog?
Was	he		with a fountain pen?
Was	she		to the supermarket?
Was	it		the date?

► Verifica la comprensión de los enunciados.
► Compara tus respuestas con las de la sección final.

► Ahora completa la columna faltante.
► Si lo consideras necesario puedes consultar tu diccionario.

VERBO AUXILIAR	SUJETO	VERBO	RESTO DEL ENUNCIADO
Were	we	making	
Were	you	having	
Were	they	coming	
Was	I	playing	
Was	he	traveling	
Was	she	taking	
Was	it	going	

► Verifica la comprensión de los enunciados.
► Compara tus respuestas con las de la sección final.

▶ Contesta SI o NO.   SI   NO

a) El verbo auxiliar tiene dos formas en el
pasado progresivo.   ☐   ☐

b) El verbo auxiliar hace lo que el verbo
principal no puede hacer.   ☐   ☐

c) Se usan todas las personas gramaticales.   ☐   ☐

d) Se usa un nuevo elemento estructural.   ☐   ☐

f) El tiempo sirve para expresar acciones
habituales.   ☐   ☐

g) El tiempo sirve para expresar algo que
estaba pasando.   ☐   ☐

h) Pudiste entender el significado de los
enunciados.   ☐   ☐

i) Tienes dos formas para contestar las
preguntas.   ☐   ☐

▶   Compara tus respuestas con las de la sección final.

EJERCICIO FINAL:

- El verbo *be* en pasado progresivo tiene _____ forma(s).
- La forma que se usa con "I" es _____.
- La forma que se usa con "We", "You" y "They" es _____.
- La forma para "She", "He" e "It" es _____.
- Para pasar de la forma afirmativa a la negativa _____ _____.
- Para hacer preguntas _____.
- Compara tus respuestas con las de la sección final.

PREGUNTAS DE INFORMACIÓN

INFORMACIÓN ÚTIL:

- Se usan palabras interrogativas que inician con "WH" (who – what – where – when) o "H" (how – how often – how old – how long).
- Estas palabras se colocan antes de la estructura interrogativa.
- Se usan para obtener información específica sobre algo en particular.
- Estas preguntas no se responden con un "sí" o "no", se requiere respuesta completa.

PALABRA INTERRO-GATIVA	VERBO AUXILIAR	SUJETO	VERBO	RESTO DEL ENUNCIADO
Where ¿Dónde	were estuvimos/ estábamos	we (nosotros)	buying comprando	a watch? un reloj?
When ¿Cuándo	were estuviste/estuvo/ estuvieron estabas/estaba/ estaban	you (tú/usted/es)	calling llamando	911? al 911?
Who ¿A quién	were estuvieron/ estaban	they (ellos/ellas)	sell vendiendo	subscriptions to? las suscripciones?
What ¿Qué	was estuve/estaba	I (yo)	doing haciendo	in a circus? en un circo?
How ¿Cómo	was estuvo/estaba	he (él)	learning aprendiendo	how to cook? a cocinar?
¿How often ¿Qué tan seguido	was estuvo/estaba	she (ella)	working trabajando	on the project? en el proyecto?
¿How long ¿Cuánto tiempo	was estuvo/estaba	it	taking tomando	to get downtown? para llegar al centro?

WHAT ABOUT YOU?

1. What were you doing on a sunny day?

2. What was your friend doing yesterday?

3. What were you playing on weekends?

4. What was he/she playing on weekends?

5. What were you reading last year?

6. What was he/she reading last year?

7. Where were you going to eat?

8. Where was he/she going to eat?

9. How were you going downtown in your city?

10. How was he/she going downtown?

11. Were you exercising yesterday?

12. Was your friend exercising too?

13. Were you buying jeans on sale?

14. Was he/she buying jeans too?

15. Were you renting a car on vacation?

16. Was he/she lending you a book?

17. Were your friends going dancing?

18. Were they going to parties with you?

19. Were they working in a restaurant?

20. Were they playing on a team?

- ▶ Verifica la comprensión del cuestionario.
- ▶ Usa el diccionario si lo crees conveniente.
- ▶ Anota tus respuestas en tu cuaderno.

6. FUTURO IDIOMÁTICO EN PASADO (WAS-WERE)

INFORMACIÓN ÚTIL:

- Expresa intención pasada no cumplida.

6.1 FORMA AFIRMATIVA (going to + VERBO EN FORMA SIMPLE, AUXILIAR MARCA TIEMPO Y FORMA).

▶ Busca semejanzas y diferencias con los cuadros que conoces.

SUJETO	VERBO AUXILIAR	going to + VERBO	RESTO DEL ENUNCIADO
We (Nosotros)	were	going to work íbamos a trabajar	in an office. en una oficina.
You (Tú/Usted/es)	were	going to play ibas/iba/iban a jugar	soccer. fútbol.
They (Ellos/Ellas)	were	going to live iban a vivir	in Rome. en Roma.
I (Yo)	was	going to speak iba a hablar	Spanish. español.
He (Él)	was	going to get iba a levantarse	up early. temprano.
She (Ella)	was	going to study iba a estudiar	literature. literatura.
It	was	going to rain Iba a llover	yesterday. ayer.

▶ Contesta SI o NO.   SI   NO

a) Hay verbo auxiliar porque el verbo no basta
para expresar la acción.   ☐   ☐

b) El verbo auxiliar no tiene significado.   ☐   ☐

c) Ningún grupo agrega "ed".   ☐   ☐

d) Se usan todas las personas gramaticales.   ☐   ☐

e) Aparece un nuevo elemento estructural.   ☐   ☐

f) El tiempo sirve para expresar acciones no
realizadas.   ☐   ☐

g) El tiempo sirve para expresar intención en
pasado.   ☐   ☐

h) El tiempo sirve para expresar sugerencias o
invitaciones.   ☐   ☐

i) Pudiste entender el significado de los
enunciados.   ☐   ☐

AUTOEVALUACIÓN: *Contesta las siguientes preguntas,
escribe del 1 al 5, siendo el 5 el valor máximo y el 1 el valor
mínimo.*

a) La **INFORMACIÓN ÚTIL** es una sección que
te ayudó.   _____

b) ¿Entendiste los modelos presentados en el
cuadro?   _____

c) ¿Entendiste la función de cada columna del
cuadro?   _____

d) ¿Entendiste el significado de cada enunciado?   _____

e) ¿Crees que vas avanzando con este material?   _____

▶ Completa la columna faltante.
▶ Si lo consideras necesario puedes consultar tu diccionario.

SUJETO	VERBO AUXILIAR	**going to +** VERBO	RESTO DEL ENUNCIADO
	were	**going to** travel	to Amsterdam.
	were	**going to** have	a check up.
	were	**going to** ask	for a visa.
	was	**going to** teach	Spanish.
	was	**going to** call	for an ambulance.
	was	**going to** sell	her car.
	was	**going to** be	very popular.

▶ Verifica la comprensión de los enunciados.
▶ Compara tus respuestas con las de la sección final.

▶ Completa la columna faltante.
▶ Si lo consideras necesario puedes consultar tu diccionario.

SUJETO	VERBO AUXILIAR	**going to +** VERBO	RESTO DEL ENUNCIADO
We		**going to** send	an e-mail.
You		**going to** celebrate	an anniversary.
They		**going to** ask	the bank for a loan.
I		**going to** buy	dog food.
He		**going to** have	a blood test.
She		**going to** work	it out.
It		**going to** drizzle	in winter.

▶ Verifica la comprensión de los enunciados.
▶ Compara tus respuestas con las de la sección final.

▶ Completa la columna faltante.
▶ Si lo consideras necesario puedes consultar tu diccionario.

SUJETO	VERBO AUXILIAR	going to + VERBO	RESTO DEL ENUNCIADO
We	were		coffee.
You	were		to the dentist.
They	were		a Mercedes.
I	was		the President.
He	was		overtime.
She	was		a baby.
It	was		a compact model.

▶ Verifica la comprensión de los enunciados.
▶ Compara tus respuestas con las de la sección final.

▶ Completa la columna faltante.
▶ Si lo consideras necesario puedes consultar tu diccionario.

SUJETO	VERBO AUXILIAR	going to + VERBO	RESTO DEL ENUNCIADO
We	were	going to go	
You	were	going to repair	
They	were	going to check	
I	was	going to have	
He	was	going to leave	
She	was	going to cook	
It	was	going to be	

▶ Verifica la comprensión de los enunciados.
▶ Compara tus respuestas con las de la sección final.

6.2 FORMA NEGATIVA (going to + VERBO EN FORMA SIMPLE, AUXILIAR MARCA TIEMPO Y FORMA).

▶ Busca semejanzas y diferencias con los cuadros que conoces.

SUJETO	VERBO AUXILIAR NEGATIVO	**going to** + VERBO	RESTO DEL ENUNCIADO
We (Nosotros)	were not (weren't) no	**going to** work íbamos a trabajar	in an office. en una oficina.
You (Tú/ Usted/es)	were not (weren't) no	**going to** play ibas/iba/iban a jugar	soccer. fútbol.
They (Ellos/Ellas)	were not (weren't) no	**going to** live iban a vivir	in Rome. en Roma.
I (Yo)	was not (was n't) no	**going to** speak iba a hablar	Spanish. español.
He (Él)	was not (wasn't) no	**going to** get iba a levantarse	up early. temprano.
She (Ella)	was not (wasn't) no	**going to** study iba a estudiar	literature. literatura.
It	was not (wasn't) No	**going to** rain iba a llover	yesterday. ayer.

▶ Verifica la comprensión de los enunciados.

▶ Contesta SI o NO.

	SI	NO
a) El verbo auxiliar no tiene significado.	☐	☐
b) Ningún grupo agrega "ed".	☐	☐
c) Se usan todas las personas gramaticales.	☐	☐
d) Aparece un nuevo elemento estructural.	☐	☐
e) El tiempo sirve para expresar no realizadas.	☐	☐
f) Pudiste entender el significado de los enunciados.	☐	☐

▶ Completa la columna faltante.

SUJETO	VERBO AUXILIAR NEGATIVO	**going to** + VERBO	RESTO DEL ENUNCIADO
	were not (weren't)	**going to** act	in the play.
	were not (weren't)	**going to** call	the police.
	were not (weren't)	**going to** run	the marathon.
	was not (wasn't)	**going to** use	the dictionary.
	was not (wasn't)	**going to** swim	in cold water.
	was not (wasn't)	**going to** go	to the gym.
	was not (wasn't)	**going to** be	a hot day.

▶ Verifica la comprensión de los enunciados.
▶ Compara tus respuestas con las de la sección final.

▶ Completa la columna faltante.
▶ Si lo consideras necesario puedes consultar tu diccionario.

SUJETO	VERBO AUXILIAR NEGATIVO	**going to** + VERBO	RESTO DEL ENUNCIADO
We		**going to** fix	the salad.
You		**going to** make	the trip.
They		**going to** cash	the check.
I		**going to** take	the bus.
He		**going to** attend	school.
She		**going to** go	home.
It		**going to** be	expensive.

▶ Verifica la comprensión de los enunciados.
▶ Compara tus respuestas con las de la sección final.

▶ Completa la columna faltante.
▶ Si lo consideras necesario puedes consultar tu diccionario.

SUJETO	VERBO AUXILIAR NEGATIVO	going to + VERBO	RESTO DEL ENUNCIADO
We	were not (weren't)		my friend.
You	were not (weren't)		the show.
They	were not (weren't)		the tickets.
I	was not (was n't)		the dog.
He	was not (wasn't)		at home.
She	was not (wasn't)		town.
It	was not (wasn't)		the sodas.

▶ Verifica la comprensión de los enunciados.
▶ Compara tus respuestas con las de la sección final.

▶ Completa la columna faltante.
▶ Si lo consideras necesario puedes consultar tu diccionario.

SUJETO	VERBO AUXILIAR NEGATIVO	going to + VERBO	RESTO DEL ENUNCIADO
We	were not (weren't)	going to buy	
You	were not (weren't)	going to work	
They	were not (weren't)	going to share	
I	was not (was n't)	going to watch	
He	was not (wasn't)	going to paint	
She	was not (wasn't)	going to read	
It	was not (wasn't)	going to cost	

▶ Verifica la comprensión de los enunciados.
▶ Compara tus respuestas con las de la sección final.

6.3 FORMA INTERROGATIVA (going to + VERBO EN FORMA SIMPLE, AUXILIAR MARCA TIEMPO Y FORMA).

▶ ¿Qué diferencia encuentras en este cuadro en relación a los anteriores?

VERBO AUXILIAR	SUJETO	going to + VERBO	RESTO DEL ENUNCIADO
Were	we (nosotros)	*going to* work ¿Íbamos a trabajar	in an office? en una oficina?
Were	you (tú/usted/es)	*going to* play ¿Ibas/Iba/Iban	soccer? fútbol?
Were	they (ellos/ellas)	*going to* live ¿Iban a vivir	in Rome? Roma?
Was	I (yo)	*going to* speak ¿Iba a hablar	Spanish? español?
Was	he (él)	*going to* get ¿Iba a levantarse	up early? temprano?
Was	she (ella)	*going to* study ¿Iba a estudiar	literature? literatura?
Was	it (ello)	*going to* rain ¿Iba a llover	yesterday? ayer?

INFORMACIÓN ÚTIL:

- Las preguntas que acabamos de ver intentan verificar una información para saber si es afirmativa o negativa.
- Se puede contestar con "Yes." o "No."
- Otras formas de contestar, que indican aceptación o negación, son las siguientes:

▪ Were you...?	Yes, I was.	No, I wasn't.
▪ Were you...?	Yes, we were.	No, we weren't.
▪ Were we...?	Yes, you were.	No, you weren't.
▪ Were they...?	Yes, they were.	No, they weren't.
▪ Was I...?	Yes, you were.	No, you weren't.
▪ Was she...?	Yes, she was.	No, she wasn't.
▪ Was he...?	Yes, he was.	No, he wasn't.
▪ Was it...?	Yes, it was.	No, it wasn't.

Tiempo de aplicar:

▶ Contesta SI o NO.   SI   NO

a) ¿Podemos llamar "respuestas cortas" a las
anteriores?   ☐   ☐
b) ¿La organización te resulta conocida?   ☐   ☐
c) ¿Cada respuesta consta de dos elementos?   ☐   ☐
d) Se usan todas las personas gramaticales.   ☐   ☐
e) ¿Se parecen a los patrones estructurales que
conoces?   ☐   ☐
f) ¿En todas las respuestas se usa un verbo
auxiliar?   ☐   ☐
g) ¿Se proporciona información adicional?   ☐   ☐

▶ Ahora completa la columna faltante.

VERBO AUXILIAR	SUJETO	**going to** + VERBO	RESTO DEL ENUNCIADO
	we	*going to* book	the hotel?
	you	*going to* learn	Japanese?
	they	*going to* open	a store?
	I	*going to* record	a song?
	he	*going to* practice	martial arts?
	she	*going to* repair	the printer?
	it	*going to* work	in winter?

▶ Verifica la comprensión de los enunciados.
▶ Compara tus respuestas con las de la sección final.

▶ Completa la columna faltante.

VERBO AUXILIAR	SUJETO	*going to* + VERBO	RESTO DEL ENUNCIADO
Were		*going to* get	a city map?
Were		*going to* ask	for help?
Were		*going to* travel	to Vienna?
Was		*going to* write	an e-book?
Was		*going to* see	the parade?
Was		*going to* give	an example?
Was		*going to* wash	the stain?

▶ Verifica la comprensión de los enunciados.
▶ Compara tus respuestas con las de la sección final.

▶ Completa la columna faltante.
▶ Si lo consideras necesario puedes consultar tu diccionario.

VERBO AUXILIAR	SUJETO	*going to* + VERBO	RESTO DEL ENUNCIADO
Were	we		an office?
Were	you		poker?
Were	they		to Canada?
Was	I		the cake?
Was	he		to the market?
Was	she		the pizza?
Was	it		at one o'clock?

▶ Verifica la comprensión de los enunciados.
▶ Compara tus respuestas con las de la sección final.

▶ Completa la columna faltante.

▶ Si lo consideras necesario puedes consultar tu diccionario.

VERBO AUXILIAR	SUJETO	_going to_ + VERBO	RESTO DEL ENUNCIADO
Were	we	_going to_ have	
Were	you	_going to_ buy	
Were	they	_going to_ learn	
Was	I	_going to_ make	
Was	he	_going to_ come	
Was	she	_going to_ stand	
Was	it	_going to_ be	

▶ Verifica la comprensión de los enunciados.

▶ Compara tus respuestas con las de la sección final.

▶ Contesta SI o NO.   SI   NO

a) El verbo auxiliar tiene dos formas en el
futuro idiomático en pasado.   ☐   ☐

b) El verbo auxiliar hace lo que el verbo
principal no puede hacer.   ☐   ☐

c) Se usan todas las personas gramaticales.   ☐   ☐

d) Se usa un nuevo elemento estructural.   ☐   ☐

f) El tiempo sirve para expresar acciones
habituales.   ☐   ☐

g) El tiempo sirve para expresar algo que estaba
pasando.   ☐   ☐

h) Pudiste entender el significado de los
enunciados.   ☐   ☐

i) Tienes dos formas para contestar las
preguntas.   ☐   ☐

▶ Compara tus respuestas con las de la sección final.

EJERCICIO FINAL:

- El verbo auxiliar en futuro idiomático en pasado tiene _ _____ forma(s).
- La forma que se usa con "I" es _____.
- La forma que se usa con "We", "You" y "They" es _____.
- La forma para "She", "He" e "It" es _____.
- Para pasar de la forma afirmativa a la negativa _____ _____.
- Para hacer preguntas _____.
- Compara tus respuestas con las de la sección final.

PREGUNTAS DE INFORMACIÓN

INFORMACIÓN ÚTIL:

- Se usan palabras interrogativas que inician con "WH" (who – what – where – when) o "H" (how – how often – how old – how long).
- Estas palabras se colocan antes de la estructura interrogativa.
- Se usan para obtener información específica sobre algo en particular.
- Estas preguntas no se responden con un "sí" o "no", se requiere respuesta completa.

PALABRA INTERRO-GATIVA	VERBO AUXILIAR	SUJETO	going to + VERBO	RESTO DEL ENUNCIADO
Where ¿Dónde	were	we (nosotros)	going to buy íbamos a <u>comprar</u>	a pet? una mascota?
When ¿Cuándo	were	you (tú/usted/es)	going to go ibas/iba/n a <u>ir</u>	to Paris? a Paris?
Who ¿A quién	were	they (ellos/ellas)	going to sell iban a <u>vender</u>	the house to? la casa?
What ¿Qué	was	I (yo)	going to do iba a <u>hacer</u>	with the money? con el dinero?
How ¿Cómo	was	he (él)	going to cook iba a <u>cocinar</u>	the meat? la carne?
¿How often ¿Qué tan seguido	was	she (ella)	going to work iba a <u>trabajar</u>	at home? en casa?
¿How long ¿Cuánto tiempo	was	it	going to take iba a <u>tomar</u>	to get downtown? para llegar al centro?

WHAT ABOUT YOU?

1. What were you going to do last holiday?

2. What was your friend going to do yesterday?

3. What were you going to play last weekend?

4. What was he/she going to play last weekend?

5. What were you going to buy last month?

6. What was he/she going to buy last month?

7. Where were you going to buy a pair of shoes?

8. Where was he/she going to buy shoes?

9. How were you going to travel to the beach?

10. How was he/she going to travel to Miami?

11. Were you going to exercise yesterday?

12. Was your friend going to exercise too?

13. Were you going to buy jeans on sale?

14. Was he/she going to buy jeans too?

15. Were you going to rent a smoking?

16. Was he/she going to lend you money?

17. Were your friends going to go dancing?

18. Were they going to invite you?

19. Were they going to work in a disco?

20. Were they going to play on a team?

▶ Verifica la comprensión del cuestionario.
▶ Usa el diccionario si lo crees conveniente.
▶ Anota tus respuestas en tu cuaderno.

7. PASADO PERFECTO (HAD)

INFORMACIÓN ÚTIL:

- Expresa una acción que desarrolló en un período en el pasado y terminó en pasado.
- Se combina con tiempos pasados.

7.1 FORMA AFIRMATIVA (VERBO EN PARTICIPIO PASADO, AUXILIAR MARCA TIEMPO Y FORMA).

▶ La información entre paréntesis se usa para formar una contracción (convertir dos palabras en una) y se coloca inmediatamente después del sujeto: I'd.

▶ Escribe las contracciones restantes: _____ - _____ - _____ - _____ - _____ - _____

SUJETO	VERBO AUXILIAR	VERBO PARTICIPIO PASADO	RESTO DEL ENUNCIADO
I (Yo)	had ('d) había	spoken hablado	Spanish. español.
We (Nosotros)	had ('d) habíamos	worked trabajado	in an office. en una oficina.
You (Tú/Usted/es)	had ('d) habías/había/n	played jugado	soccer. fútbol.
They (Ellos/Ellas)	had ('d) habían	lived vivido	in Rome. en Roma.
He (Él)	had ('d) se había	gotten levantado	up early. temprano.
She (Ella)	had ('d) había	studied estudiado	literature. literatura.
It	had ('d) Había	rained llovido	yesterday. ayer.

▶ Contesta SI o NO.

	SI	NO
a) El verbo auxiliar tiene dos formas.	☐	☐
b) El verbo principal se usa en forma simple.	☐	☐
c) La forma sirve para expresar acciones habituales.	☐	☐
d) Puedes usar contracción.	☐	☐
e) El participio pasado termina en "ado" "ido" (o "to" – "escri_to_", "so" - impre_so_", "cho" – he_cho_".	☐	☐
f) Hay verbos que agregan "ed" para formar el participio pasado.	☐	☐
g) Otros verbos tienen una forma propia para formar el participio pasado.	☐	☐

VERBOS IRREGULARES EN ESTA SECCIÓN

▶ Anota sobre la línea el equivalente del infinitivo en español.
▶ Usa tu diccionario si lo crees necesario.

Español	Infinitivo	Participio Pasado	Español	Infinitivo	Participio Pasado	Español	Infinitivo	Participio Pasado
ser/estar	be	been	_____	begin	begun	_____	buy	bought
_____	come	come	_____	cut	cut	_____	do	done
_____	drink	drunk	_____	drive	driven	_____	eat	eaten
_____	fly	flown	_____	get	gotten	_____	give	given
_____	go	gone	_____	have	had	_____	leave	left
_____	make	made	_____	read	read	_____	ring	rung
_____	run	run	_____	see	seen	_____	sell	sold
_____	send	sent	_____	sing	sung	_____	sit	sat
_____	sleep	slept	_____	speak	spoken	_____	swim	swum
_____	take	taken	_____	teach	taught	_____	tell	told
_____	understand	understood	_____	wear	worn	_____	write	written

Tiempo de aplicar:

▶ Completa el cuadro.
▶ Si lo consideras necesario puedes consultar tu diccionario.

SUJETO	VERBO AUXILIAR	VERBO PARTICIPIO PASADO	RESTO DEL ENUNCIADO
	had ('d)	been	a swimmer.
	had ('d)	started	our project.
	had ('d)	made	a mistake.
	had ('d)	filled	the forms.
	had ('d)	written	an article.
	had ('d)	worked	in a factory.
	had ('d)	left	at two o'clock.

▶ Verifica la comprensión de los enunciados.
▶ Compara tus respuestas con las de la sección final.

▶ Completa el cuadro.
▶ Si lo consideras necesario puedes consultar tu diccionario.

SUJETO	VERBO AUXILIAR	VERBO PARTICIPIO PASADO	RESTO DEL ENUNCIADO
I		waited	a long time.
We		sung	the national anthem.
You		gone	on foot.
They		stayed	in a hotel.
He		given	the information.
She		accepted	the job.
It		eaten	all the food.

▶ Verifica la comprensión de los enunciados.
▶ Compara tus respuestas con las de la sección final.

▶ Completa el cuadro.
▶ Si lo consideras necesario puedes consultar tu diccionario.

SUJETO	VERBO AUXILIAR	VERBO PARTICIPIO PASADO	RESTO DEL ENUNCIADO
I	had ('d)		in a hammock.
We	had ('d)		the apartment.
You	had ('d)		assistance.
They	had ('d)		on the floor.
He	had ('d)		the shop.
She	had ('d)		the homework.
It	had ('d)		on batteries.

▶ Verifica la comprensión de los enunciados.
▶ Compara tus respuestas con las de la sección final.

▶ Completa el cuadro.
▶ Si lo consideras necesario puedes consultar tu diccionario.

SUJETO	VERBO AUXILIAR	VERBO PARTICIPIO PASADO	RESTO DEL ENUNCIADO
I	had ('d)	driven	
We	had ('d)	opened	
You	had ('d)	seen	
They	had ('d)	read	
He	had ('d)	drunk	
She	had ('d)	traveled	
It	had ('d)	rung	

▶ Verifica la comprensión de los enunciados.
▶ Compara tus respuestas con las de la sección final.

7.2 FORMA NEGATIVA (VERBO EN PARTICIPIO PASADO, AUXILIAR MARCA TIEMPO Y FORMA).

▶ Busca semejanzas y diferencias con los cuadros que conoces.

SUJETO	VERBO AUXILIAR NEGATIVO	VERBO PARTICIPIO PASADO	RESTO DEL ENUNCIADO
I (Yo)	hadn't / no había	spoken / hablado	Spanish. / español.
We (Nosotros)	hadn't / no habíamos	worked / trabajado	in an office. / en una oficina.
You (Tú/Usted/es)	hadn't / no habías/había/n	played / jugado	soccer. / fútbol.
They (Ellos/Ellas)	hadn't / no habían	lived / vivido	in Rome. / en Roma.
He (Él)	hadn't / no se había	gotten / levantado	up early. / temprano.
She (Ella)	hadn't / no había	studied / estudiado	literature. / literatura.
It	hadn't / No había	rained / llovido	in summer. / en verano.

▶ Completa el cuadro.
▶ Si lo consideras necesario puedes consultar tu diccionario.

SUJETO	VERBO AUXILIAR NEGATIVO	VERBO PARTICIPIO PASADO	RESTO DEL ENUNCIADO
	had not (hadn't)	begun	my career.
	had not (hadn't)	passed	the exam.
	had not (hadn't)	read	the sign.
	had not (hadn't)	earned	any money.
	had not (hadn't)	told	anyone.
	had not (hadn't)	answered	her cell.
	had not (hadn't)	had	self-service.

▶ Verifica la comprensión de los enunciados.
▶ Compara tus respuestas con las de la sección final.

▶ Completa el cuadro.
▶ Si lo consideras necesario puedes consultar tu diccionario.

SUJETO	VERBO AUXILIAR NEGATIVO	VERBO PARTICIPIO PASADO	RESTO DEL ENUNCIADO
I		flown	a jet plane.
We		watched	the game.
You		sent	the package.
They		moved	to another city.
He		taken	medicine.
She		sold	her house.
It		been	interesting.

▶ Verifica la comprensión de los enunciados.
▶ Compara tus respuestas con las de la sección final.

▶ Completa el cuadro.
▶ Lee la información para que completes lógicamente.
▶ Usa tu diccionario si es necesario.

SUJETO	VERBO AUXILIAR NEGATIVO	VERBO PARTICIPIO PASADO	RESTO DEL ENUNCIADO
I	had not (hadn't)		a smoking.
We	had not (hadn't)		to England.
You	had not (hadn't)		the guitar.
They	had not (hadn't)		in the sea.
He	had not (hadn't)		up late.
She	had not (hadn't)		pictures.
It	had not (hadn't)		gas.

▶ Verifica la comprensión de los enunciados.
▶ Compara tus respuestas con las de la sección final.

- ▶ Completa el cuadro.
- ▶ Lee la información para que completes lógicamente.
- ▶ Usa tu diccionario si es necesario.

SUJETO	VERBO AUXILIAR NEGATIVO	VERBO PARTICIPIO PASADO	RESTO DEL ENUNCIADO
I	had not (hadn't)	had	
We	had not (hadn't)	played	
You	had not (hadn't)	understood	
They	had not (hadn't)	visited	
He	had not (hadn't)	taught	
She	had not (hadn't)	slept	
It	had not (hadn't)	rained	

- ▶ Verifica la comprensión de los enunciados.
- ▶ Compara tus respuestas con las de la sección final.

7.3 FORMA INTERROGATIVA (VERBO EN PARTICIPIO PASADO, AUXILIAR MARCA TIEMPO Y FORMA).

- ▶ Busca semejanzas y diferencias con los cuadros que conoces.

VERBO AUXILIAR	SUJETO	VERBO PARTICIPIO PASADO	RESTO DEL ENUNCIADO
Had ¿Había	I (yo)	spoken hablado	Spanish? español?
Had ¿Habíamos	we (nosotros)	worked trabajado	in an office? en una oficina?
Had ¿Había/s/Habían	you (usted/tú/ustedes)	played jugado	soccer? fútbol?
Had ¿Habían	they (ellos)	lived vivido	in Rome? en Roma?
Had ¿Se había	he (él)	gotten levantado	up early? temprano?
Had ¿Había	she (ella)	studied estudiado	literature? literatura?
Had ¿Había	it	rained llovido	yesterday? ayer?

- ▶ Verifica la comprensión de los enunciados.

INFORMACIÓN ÚTIL:

- Las preguntas que acabamos de ver intentan verificar una información para saber si es afirmativa o negativa.
- Se puede contestar con "Yes." o "No."
- Otras formas de contestar, que indican aceptación o negación, son las siguientes:

▪ Had you...?	Yes, I had.	No, I hadn't.
▪ Had you...?	Yes, we had.	No, we hadn't.
▪ Had I...?	Yes, you had.	No, you hadn't.
▪ Had we...?	Yes, you had.	No, you hadn't.
▪ Had they...?	Yes, they had.	No, they hadn't.
▪ Had she...?	Yes, she had.	No, she hadn't.
▪ Had he...?	Yes, he had.	No, he hadn't.
▪ Had it...?	Yes, it had.	No, it hadn't.

▶ Contesta SI o NO.

	SI	NO
a) El verbo auxiliar se coloca antes del sujeto.	☐	☐
b) El verbo principal se usa en participio pasado.	☐	☐
c) La forma sirve para expresar acciones han concluido.	☐	☐
d) El verbo principal se contrae.	☐	☐
e) El participio pasado termina en "ado" "ido" (o "to" – "escri_to_", "so" - impre_so_", "cho" – he_cho_".	☐	☐
f) Hay verbos que agregan "ed" para formar el participio pasado.	☐	☐
g) Otros verbos tienen una forma propia para formar el participio pasado.	☐	☐

Tiempo de aplicar:

▶ Completa la primera columna.
▶ Si lo consideras necesario puedes consultar tu diccionario.

VERBO AUXILIAR	SUJETO	VERBO PARTICIPIO PASADO	RESTO DEL ENUNCIADO
	I	told	you the story?
	we	listened	to the radio?
	you	bought	a membership?
	they	prepared	a meal?
	he	seen	their friends?
	she	begun	the novel?
	it	charged	the battery?

▶ Verifica la comprensión de los enunciados.
▶ Compara tus respuestas con las de la sección final.

▶ Completa el cuadro.
▶ Si lo consideras necesario puedes consultar tu diccionario.

VERBO AUXILIAR	SUJETO	VERBO PARTICIPIO PASADO	RESTO DEL ENUNCIADO
Had		talked	about the problem?
Had		taught	English?
Had		come	here before?
Had		practiced	karate?
Had		taken	driving lessons?
Had		gone	to a summer camp?
Had		snowed	in autumn?

▶ Verifica la comprensión de los enunciados.
▶ Compara tus respuestas con las de la sección final.

▶ Completa el cuadro.
▶ Lee la información para que completes lógicamente.
▶ Usa tu diccionario si es necesario.

VERBO AUXILIAR	SUJETO	VERBO PARTICIPIO PASADO	RESTO DEL ENUNCIADO
Had	I		a problem?
Had	we		this road?
Had	you		Chichen-Itza?
Had	they		an Ipad?
Had	he		a motorcycle?
Had	she		Portuguese?
Had	it		hot in summer?

▶ Verifica la comprensión de los enunciados.
▶ Compara tus respuestas con las de la sección final.

▶ Completa el cuadro.
▶ Lee la información para que completes lógicamente.
▶ Usa tu diccionario si es necesario.

VERBO AUXILIAR	SUJETO	VERBO PARTICIPIO PASADO	RESTO DEL ENUNCIADO
Had	I	received	
Had	we	booked	
Had	you	danced	
Had	they	gone	
Had	he	done	
Had	she	taught	
Had	it	snowed	

▶ Verifica la comprensión de los enunciados.
▶ Compara tus respuestas con las de la sección final.

PREGUNTAS DE INFORMACIÓN

INFORMACIÓN ÚTIL:

- Se usan palabras interrogativas que inician con "WH" (who – what – where – when) o "H" (how – how often – how old – how long).
- Estas palabras se colocan antes de la estructura interrogativa.
- Se usan para obtener información específica sobre algo en particular.
- Estas preguntas no se responden con un "sí" o "no", se requiere respuesta completa.

PALABRA INTERRO-GATIVA	VERBO AUXILIAR	SUJETO	going to + VERBO	RESTO DEL ENUNCIADO
Where ¿Dónde	were	we (nosotros)	going to buy íbamos a <u>comprar</u>	a pet? una mascota?
When ¿Cuándo	were	you (tú/usted/es)	going to go ibas/iba/n a <u>ir</u>	to Paris? a Paris?
Who ¿A quién	were	they (ellos/ellas)	going to sell iban a <u>vender</u>	the house to? la casa?
What ¿Qué	was	I (yo)	going to do iba a <u>hacer</u>	with the money? con el dinero?
How ¿Cómo	was	he (él)	going to cook iba a <u>cocinar</u>	the meat? la carne?
¿How often ¿Qué tan seguido	was	she (ella)	going to work iba a <u>trabajar</u>	at home? en casa?
¿How long ¿Cuánto tiempo	was	it	going to take iba a <u>tomar</u>	to get downtown? para llegar al centro?

WHAT ABOUT YOU?

1. What were you going to do last holiday?

2. What was your friend going to do yesterday?

3. What were you going to play last weekend?

4. What was he/she going to play last weekend?

5. What were you going to buy last month?

6. What was he/she going to buy last month?

7. Where were you going to buy a pair of shoes?

8. Where was he/she going to buy shoes?

9. How were you going to travel to the beach?

10. How was he/she going to travel to Miami?

11. Were you going to exercise yesterday?

12. Was your friend going to exercise too?

13. Were you going to buy jeans on sale?

14. Was he/she going to buy jeans too?

15. Were you going to rent a smoking?

16. Was he/she going to lend you money?

17. Were your friends going to go dancing?

18. Were they going to invite you?

19. Were they going to work in a disco?

20. Were they going to play on a team?

▶ Verifica la comprensión del cuestionario.
▶ Usa el diccionario si lo crees conveniente.
▶ Anota tus respuestas en tu cuaderno.

SAMPLE ANSWERS

p. 11 – 1

- ▶ 1ª persona, la que habla: I – we.
- ▶ 2ª persona, con quien se habla: you - you.
- ▶ 3ª persona, de quién se habla: he, she, it*, they.

p. 11 – 1.1

SUJETO	VERBO	RESTO DEL ENUNCIADO
I (Yo)	was fui/era	Latin American. latinoamericano.
He* (Él)	was estaba	in the classroom. en el salón de clases.
She* (Ella)	was era	a pediatrician. una pediatra
It*	was Era	a black dog. un perro negro.
We (Nosotros)	were estábamos	at home. en casa.
You (Tú/Usted/es)	were eras/era/eran	happy. feliz/felices.
They (Ellos/Ellas)	were eran	young. jóvenes.

p. 13

SUJETO	VERBO	RESTO DEL ENUNCIADO
I	was	a bus driver.
He	was	my teacher.
She	was	at home.
It	was	a big dog.
We	were	good swimmers.
You	were	in Alaska.
They	were	on a ship.

- ▶ Verifica la comprensión de los enunciados.
- ▶ Usa tu diccionario si lo crees conveniente.
- ▶ Práctica adicional: En tu cuaderno, cambia este cuadro a las dos formas restantes.

SUJETO	VERBO	RESTO DEL ENUNCIADO
I	was	at the stadium.
He	was	a friend.
She	was	a nurse.
It	was	in the street.
We	were	college students.
You	were	on the plane.
They	were	very punctual.

- ▶ Verifica la comprensión de los enunciados.
- ▶ Usa tu diccionario si lo crees conveniente.
- ▶ Práctica adicional: En tu cuaderno, cambia este cuadro a las dos formas restantes.

p. 14

SUJETO	VERBO	RESTO DEL ENUNCIADO
I	was	a scientist.
He*	was	on vacation.
She*	was	a famous actress.
It*	was	a nice bike.
We	were	schoolmates.
You	were	at the accident.
They	were	from France.

- ▶ Verifica la comprensión de los enunciados.
- ▶ Usa tu diccionario si lo crees conveniente.
- ▶ Práctica adicional: En tu cuaderno, cambia este cuadro a las dos formas restantes.

p. 15 - 1.2

SUJETO	VERBO NEGATIVO	RESTO DEL ENUNCIADO
I (Yo)	was (not) (was(n't)) no era	Latin American. latinoamericano.
He* (Él)	was (not) (was(n't)) no /estuve	in the classroom. en el salón de clases.
She* (Ella)	was (not) (was(n't)) no era	a pediatrician. una pediatra.
It* (Ello)	was (not) (was(n't)) No era	a black dog. un perro negro.
We (Nosotros)	were (not) (were(n't)) no estuvimos	at home. en casa.
You (Tú/Usted/es)	were (not) (were(n't)) no eras/no era/no eran	happy. feliz/felices.
They (Ellos/Ellas)	were (not) (were(n't)) no eran	young. jóvenes.

p. 15

▶ Contesta SI o NO.

	SI	NO
a) BE se usa en todos los enunciados.	☑	☐
b) Solo se usan tres formas verbales.	☐	☑
c) Se divide de forma diferente.	☐	☑
d) Las dos secciones usan la misma forma verbal.	☐	☑
e) Una forma se puede usar en singular y plural.	☑	☐
f) Se usa un verbo auxiliar.	☐	☑
g) Todos los enunciados indican ser.	☐	☑

p. 16

SUJETO	VERBO NEGATIVO	RESTO DEL ENUNCIADO
I	was not (wasn't)	Spanish.
He*	was not (wasn't)	at work.
She*	was not (wasn't)	at the bus stop.
It*	was not (wasn't)	a new car.
We	were not (weren't)	sad.
You	were not (weren't)	on the team.
They	were not (weren't)	policemen.

▶ Verifica la comprensión de los enunciados.
▶ Usa tu diccionario si lo crees conveniente.
▶ Práctica adicional: En tu cuaderno, cambia este cuadro a las dos formas restantes.

SUJETO	VERBO NEGATIVO	RESTO DEL ENUNCIADO
I	was not (wasn't)	an athlete.
He	was not (wasn't)	at home.
She	was not (wasn't)	a nurse.
It	was not (wasn't)	a virus infection.
We	were not (weren't)	happy with the service.
You	were not (weren't)	in the picture.
They	were not (weren't)	friends.

▶ Verifica la comprensión de los enunciados.
▶ Usa tu diccionario si lo crees conveniente.
▶ Práctica adicional: En tu cuaderno, cambia este cuadro a las dos formas restantes.

p. 17

SUJETO	VERBO NEGATIVO	RESTO DEL ENUNCIADO
I	was *not (wasn't)*	*a famous actress.*
He*	was *not (wasn't)*	*at work.*
She*	was *not (wasn't)*	*sick in the hospital.*
It*	was *not (wasn't)*	*a large dog.*
We	were *not (weren't)*	*good readers.*
You	were *not (weren't)*	*in the bus.*
They	were *not (weren't)*	*from England.*

► Verifica la comprensión de los enunciados.
► Usa tu diccionario si lo crees conveniente.
► Práctica adicional: En tu cuaderno, cambia este cuadro a las dos formas restantes.

p. 18

	SI	NO
► Contesta SI o NO.		
a) BE se usa en todos los enunciados.	☑	☐
b) Solo se usa una forma verbal.	☐	☑
c) El cuadro se organiza de forma diferente.	☑	☐
d) Se usan las tres personas gramaticales.	☑	☐
e) Una forma se puede usar en singular y plural.	☑	☐
f) Se usa un verbo auxiliar.	☐	☑
g) Todos los enunciados indican ser en pasado.	☐	☑

p. 18

▶ Contesta SI o NO.   SI   NO

a) ¿Podemos llamar "respuestas cortas" a las
anteriores?   ☑   ☐

b) ¿La organización te resulta conocida?   ☑   ☐

c) ¿Cada respuesta consta de dos elementos?   ☐   ☑

d) Se usan todas las personas gramaticales.   ☑   ☐

e) ¿Se parecen a los patrones estructurales que
conoces?   ☑   ☐

f) ¿En todas las respuestas se usa un verbo
auxiliar?   ☐   ☑

g) ¿Se proporciona información adicional?   ☐   ☑

p. 20 – 1.3

VERBO	SUJETO	RESTO DEL ENUNCIADO
Was	I	a student?
Was	he	my grandfather?
Was	she	at the office?
Was	it	a small house?
Were	we	soccer players?
Were	you	a good friend?
Were	they	at school?

▶ Verifica la comprensión de las preguntas.
▶ Usa tu diccionario si lo crees conveniente.
▶ Práctica adicional: En tu cuaderno, cambia este cuadro
a las dos formas restantes.

p. 20

VERBO	SUJETO	RESTO DEL ENUNCIADO
Was	I	in my room?
Was	he	in the hospital?
Was	she	an engineer?
Was	it	a beautiful flower?
Were	we	family?
Were	you	a music fan?
Were	they	in the park?

▶ Verifica la comprensión de las preguntas.
▶ Usa tu diccionario si lo crees conveniente.
▶ Práctica adicional: En tu cuaderno, cambia este cuadro a las dos formas restantes.

p. 21

VERBO	SUJETO	RESTO DEL ENUNCIADO
Was	I	in the hospital?
Was	he	a doctor?
Was	she	in town yesterday?
Was	it	an expensive TV?
Were	we	in Florida last year?
Were	you	in the same school?
Were	they	on the same team?

▶ ¿Pusiste signo de interrogación a cada enunciado?
▶ Verifica la comprensión de las preguntas.
▶ Usa tu diccionario si lo crees conveniente.
▶ Práctica adicional: En tu cuaderno, cambia este cuadro a las dos formas restantes.

p. 22

EJERCICIO FINAL:

- El verbo *be* en pasado simple tiene <u>dos</u> formas.
- La forma que se usa con "I" es <u> was </u>.
- La forma que se usa con "We", "You" y "They" es <u>were</u>.
- La forma para "She", "He" e "It" es <u> was </u>.
- Para pasar de la forma afirmativa a la negativa <u>se agrega la negación al verbo</u>.
- Para hacer preguntas <u>verbo y sujeto intercambian posiciones</u>.

p. 28

▶ Contesta SI o NO.	SI	NO
a) No hay verbo auxiliar porque el verbo basta para expresar la acción.	☑	☐
b) Hay tres grupos de enunciados.	☐	☑
c) Ningún grupo agrega "s" o "es".	☑	☐
d) Se usan todas las personas gramaticales.	☑	☐
e) Aunque no se usa se menciona un nuevo elemento estructural.	☑	☐
f) El tiempo sirve para expresar acciones terminadas.	☑	☐
g) El tiempo sirve para expresar lo que se está haciendo en el momento.	☐	☑
h) Pudiste entender el significado de los enunciados.	☐	☐

p. 29

SUJETO	VERBO AUXILIAR	VERBO	RESTO DEL ENUNCIADO
I	X	walked	*home/to work.*
We	X	ate	*burgers/fruit.*
You	X	called	*me on the phone.*
They	X	ran	*the marathon.*
He*	X	closed	*the window.*
She*	X	went	*to France.*
It*	X	landed	*on the moon.*

▶ Verifica la comprensión de los enunciados.
▶ Usa tu diccionario si lo crees conveniente.
▶ Práctica adicional: En tu cuaderno, cambia este cuadro a las dos formas restantes.

p. 30

SUJETO	VERBO AUXILIAR	VERBO	RESTO DEL ENUNCIADO
I	X	had	a dictionary.
We	X	went	to school.
You	X	read	e-mails.
They	X	jogged	in the mornings.
*He**	X	wrote	poems.
*She**	X	played	basketball.
*It**	X	looked	nice.

▶ Verifica la comprensión de los enunciados.
▶ Usa tu diccionario si lo crees conveniente.
▶ Práctica adicional: En tu cuaderno, cambia este cuadro a las dos formas restantes.

p. 30

SUJETO	VERBO AUXILIAR	VERBO	RESTO DEL ENUNCIADO
I	X	*came*	from Germany.
We	X	*received*	e-mails.
You	X	*slept*	all night.
They	X	*opened*	a supermarket.
He	X	*lost*	his money.
She	X	*worked*	in a drugstore.
It	X	*lived*	in a small doghouse.

▶ Verifica la comprensión de los enunciados.

▶ Usa tu diccionario si lo crees conveniente.

▶ Práctica adicional: En tu cuaderno, cambia este cuadro a las dos formas restantes.

p. 31

▶ Contesta SI o NO.

	SI	NO
a) No hay verbo auxiliar porque el verbo basta para expresar la acción.	☑	☐
b) Hay dos grupos de enunciados.	☐	☑
c) Ningún grupo agrega "s" o "es".	☑	☐
d) Se usan todas las personas gramaticales.	☑	☐
e) Se usa nuevo elemento estructural.	☑	☐
f) El tiempo sirve para expresar acciones terminadas.	☑	☐
g) El tiempo sirve para expresar lo que se está haciendo en el momento.	☐	☑
h) Pudiste entender el significado de los enunciados.	☐	☐

p. 32 - 2.2

SUJETO	VERBO AUXILIAR NEGATIVO	VERBO	RESTO DEL ENUNCIADO
I	did not (didn't)	drive	the car.
We	did not (didn't)	travel	to England.
You	did not (didn't)	go	home.
They	did not (didn't)	ask	any questions.
He	did not (didn't)	understand	the book.
She	did not (didn't)	write	an e-mail.
It	did not (didn't)	work	with gas.

▶ Verifica la comprensión de los enunciados.
▶ Usa tu diccionario si lo crees conveniente.
▶ Práctica adicional: En tu cuaderno, cambia este cuadro a las dos formas restantes.

SUJETO	VERBO AUXILIAR NEGATIVO	VERBO	RESTO DEL ENUNCIADO
I	*did not (didn't)*	eat	fish.
We	*did not (didn't)*	watch	the news.
You	*did not (didn't)*	see	the movie.
They	*did not (didn't)*	love	pets.
He	*did not (didn't)*	have	time.
She	*did not (didn't)*	practice	any sport.
It	*did not (didn't)*	receive	messages.

▶ Verifica la comprensión de los enunciados.
▶ Usa tu diccionario si lo crees conveniente.
▶ Práctica adicional: En tu cuaderno, cambia este cuadro a las dos formas restantes.

p. 33

SUJETO	VERBO AUXILIAR NEGATIVO	VERBO	RESTO DEL ENUNCIADO
I	did not (didn't)	*have*	breakfast.
We	did not (didn't)	*wash*	the clothes.
You	did not (didn't)	*work*	last Sunday.
They	did not (didn't)	*go*	to the bank.
He	did not (didn't)	*understand*	the question.
She	did not (didn't)	*text*	a message.
It	did not (didn't)	*cost*	much money.

▶ Verifica la comprensión de los enunciados.
▶ Usa tu diccionario si lo crees conveniente.
▶ Práctica adicional: En tu cuaderno, cambia este cuadro a las dos formas restantes.

SUJETO	VERBO AUXILIAR NEGATIVO	VERBO	RESTO DEL ENUNCIADO
I	did not (didn't)	go	*to the lake.*
We	did not (didn't)	surf	*the net.*
You	did not (didn't)	call	*911.*
They	did not (didn't)	answer	*the phone.*
He	did not (didn't)	pay	*for the newspaper.*
She	did not (didn't)	order	*coffee.*
It	did not (didn't)	have	*a warranty.*

▶ Verifica la comprensión de los enunciados.
▶ Usa tu diccionario si lo crees conveniente.
▶ Práctica adicional: En tu cuaderno, cambia este cuadro a las dos formas restantes.

p. 35 - 2.3

▶ Contesta SI o NO.	SI	NO
a) No hay verbo auxiliar porque el verbo basta para expresar la acción.	☐	☑
b) Hay tres grupos de enunciados.	☐	☑
c) Ningún grupo agrega "s" o "es".	☑	☐
d) Se usan todas las personas gramaticales.	☑	☐
e) Se usa menciona un nuevo elemento estructural.	☐	☑
f) El tiempo sirve para informarse sobre acciones terminadas.	☑	☐
g) El tiempo sirve para expresar lo que se va a pasar.	☐	☑
h) Pudiste entender el significado de los enunciados.	☐	☐

p. 35

VERBO AUXILIAR	SUJETO	VERBO	RESTO DEL ENUNCIADO
Did	I	pay	for lunch?
Did	we	surf	the net?
Did	you	fill	the application?
Did	they	swim	in the river?
Did	he	cash	the check?
Did	she	do	the homework?
Did	it	cost	much money?

▶ Verifica la comprensión de los enunciados.
▶ Usa tu diccionario si lo crees conveniente.
▶ Práctica adicional: En tu cuaderno, cambia este cuadro a las dos formas restantes.

p. 36

VERBO AUXILIAR	SUJETO	VERBO	RESTO DEL ENUNCIADO
Did	*I*	call	home?
Did	*we*	forget	anything?
Did	*you*	fix	your car?
Did	*they*	sleep	well?
Did	*he*	check	his mail?
Did	*she*	go	by metro?
Did	*it*	snow	last February?

▶ Verifica la comprensión de los enunciados.
▶ Usa tu diccionario si lo crees conveniente.
▶ Práctica adicional: En tu cuaderno, cambia este cuadro a las dos formas restantes.

VERBO AUXILIAR	SUJETO	VERBO	RESTO DEL ENUNCIADO
Did	I	*make*	a problem?
Did	we	*ask*	for help?
Did	you	*sell*	the house?
Did	they	*arrive*	on time?
Did	he	*fly*	a jet plane?
Did	she	*like*	John?
Did	it	*come*	with a manual?

▶ Verifica la comprensión de los enunciados.
▶ Usa tu diccionario si lo crees conveniente.
▶ Práctica adicional: En tu cuaderno, cambia este cuadro a las dos formas restantes.

p. 36

VERBO AUXILIAR	SUJETO	VERBO	RESTO DEL ENUNCIADO
Did	I	call	*the firemen?*
Did	we	have	*a chance?*
Did	you	like	*the show?*
Did	they	see	*the eclipse?*
Did	he	come	*to work?*
Did	she	pass	*th exam?*
Did	it	finish	*on time?*

▶ Verifica la comprensión de los enunciados.
▶ Usa tu diccionario si lo crees conveniente.
▶ Práctica adicional: En tu cuaderno, cambia este cuadro a las dos formas restantes.

p. 37

	SI	NO
▶ Contesta SI o NO.	SI	NO
a) El verbo auxiliar se usa en dos formas en el pasado simple.	☐	☑
b) El verbo auxiliar hace lo que el verbo principal no puede hacer.	☑	☐
c) El verbo auxiliar lleva la "s" en tercera persona de singular.	☐	☑
d) Se usan todas las personas gramaticales.	☑	☐
e) Se usa un nuevo elemento estructural.	☐	☑
f) El tiempo sirve para expresar acciones habituales.	☐	☑
g) El tiempo sirve para expresar algo que ya sucedió.	☑	☐
h) Pudiste entender el significado de los enunciados.	☐	☐
i) Tienes dos formas para contestar las preguntas.	☑	☐

p. 37

EJERCICIO FINAL:

- El verbo *do* en pasado simple tiene __una__ forma(s).
- La forma que se usa con "I" es <u>did</u>.
- La forma que se usa con "We", "You" y "They" es <u>did</u>.
- La forma para "She", "He" e "It" es <u>did</u>.
- Para pasar de la forma afirmativa a la negativa <u>se agrega el auxiliar negativo y se pone el verbo en forma simple</u>.
- Para hacer preguntas <u>se coloca el auxiliar antes del sujeto y se pone el verbo en forma simple</u>.

p. 41

▶ Contesta SI o NO.	SI	NO
a) No hay verbo auxiliar porque el verbo basta para expresar la acción.	☐	☑
b) Hay dos grupos de enunciados.	☐	☑
c) Ningún grupo agrega "s" o "es".	☐	☑
d) Se usan todas las personas gramaticales.	☑	☐
e) Aparece un nuevo elemento estructural.	☑	☐
f) El tiempo sirve para expresar acciones terminadas.	☑	☐
g) El tiempo sirve para expresar lo que puede hacerse en el momento.	☐	☑
h) Pudiste entender el significado de los enunciados.	☐	☐

p. 42

SUJETO	VERBO AUXILIAR	VERBO	RESTO DEL ENUNCIADO
I	could	play	chess.
We	could	swim	long distances.
You	could	be	punctual.
They	could	travel	by car.
He	could	learn	Italian.
She	could	work	out four hours.
It	could	run	very fast.

▶ Verifica la comprensión de los enunciados.
▶ Usa tu diccionario si lo crees conveniente.
▶ Práctica adicional: En tu cuaderno, cambia este cuadro a las dos formas restantes.

SUJETO	VERBO AUXILIAR	VERBO	RESTO DEL ENUNCIADO
I	could	write	a book.
We	could	film	a video.
You	could	take	good pictures.
They	could	visit	London.
He	could	train	dogs.
She	could	make	nice dresses.
It	could	reproduce	CDs.

▶ Verifica la comprensión de los enunciados.
▶ Usa tu diccionario si lo crees conveniente.
▶ Práctica adicional: En tu cuaderno, cambia este cuadro a las dos formas restantes.

p. 43

SUJETO	VERBO AUXILIAR	VERBO	RESTO DEL ENUNCIADO
I	could	*make*	pizza.
We	could	*dance*	rock and roll.
You	could	*buy*	a souvenir.
They	could	*advertise*	it on TV.
He	could	*use*	a PC.
She	could	*be*	bilingual.
It	could	*work*	with a little gas.

▶ Verifica la comprensión de los enunciados.
▶ Usa tu diccionario si lo crees conveniente.
▶ Práctica adicional: En tu cuaderno, cambia este cuadro a las dos formas restantes.

SUJETO	VERBO AUXILIAR	VERBO	RESTO DEL ENUNCIADO
I	could	recite	*Shakespeare.*
We	could	understand	*Japanese.*
You	could	quit	*smoking.*
They	could	dance	*tango.*
He	could	cook	*pancakes.*
She	could	ride	*a motorbike.*
It	could	live	*on biscuits.*

▶ Verifica la comprensión de los enunciados.
▶ Usa tu diccionario si lo crees conveniente.
▶ Práctica adicional: En tu cuaderno, cambia este cuadro a las dos formas restantes.

p. 45 - 3.2

	SI	NO
▶ Contesta SI o NO.		
a) No hay verbo auxiliar porque el verbo basta para expresar la acción.	☐	☑
b) Hay dos grupos de enunciados.	☐	☑
c) Ningún grupo agrega "s" o "es".	☑	☐
d) Se usan todas las personas gramaticales.	☑	☐
e) Se usa nuevo elemento estructural.	☑	☐
f) El tiempo sirve para expresar acciones terminadas.	☑	☐
g) El tiempo sirve para expresar lo que se está haciendo en el momento.	☐	☑
h) Pudiste entender el significado de los enunciados.	☐	☐

p. 45

SUJETO	VERBO AUXILIAR	VERBO	RESTO DEL ENUNCIADO
I	could not (couldn't)	write	an article.
We	could not (couldn't)	run	long distances.
You	could not (couldn't)	be	serious.
They	could not (couldn't)	buy	an apartament.
He	could not (couldn't)	speak	Russian.
She	could not (couldn't)	prepare	a salad.
It	could not (couldn't)	give	the time.

▶ Verifica la comprensión de los enunciados.
▶ Usa tu diccionario si lo crees conveniente.
▶ Práctica adicional: En tu cuaderno, cambia este cuadro a las dos formas restantes.

p. 46

SUJETO	VERBO AUXILIAR	VERBO	RESTO DEL ENUNCIADO
I	could not (couldn't)	work	at night.
We	could not (couldn't)	make	the phone call.
You	could not (couldn't)	take	the medicine.
They	could not (couldn't)	repair	the bicycle.
He	could not (couldn't)	open	the box.
She	could not (couldn't)	go	to the hospital.
It	could not (couldn't)	run	very fast.

- ▶ Verifica la comprensión de los enunciados.
- ▶ Usa tu diccionario si lo crees conveniente.
- ▶ Práctica adicional: En tu cuaderno, cambia este cuadro a las dos formas restantes.

SUJETO	VERBO AUXILIAR	VERBO	RESTO DEL ENUNCIADO
I	could not (couldn't)	go	to the dentist.
We	could not (couldn't)	eat	pork chops.
You	could not (couldn't)	play	baseball.
They	could not (couldn't)	fly	to Africa.
He	could not (couldn't)	buy	the newspaper.
She	could not (couldn't)	use	her laptop.
It	could not (couldn't)	take	calls.

- ▶ Verifica la comprensión de los enunciados.
- ▶ Usa tu diccionario si lo crees conveniente.
- ▶ Práctica adicional: En tu cuaderno, cambia este cuadro a las dos formas restantes.

p. 47

SUJETO	VERBO AUXILIAR	VERBO	RESTO DEL ENUNCIADO
I	could not (couldn't)	get	*a taxi.*
We	could not (couldn't)	eat	*cheese and milk.*
You	could not (couldn't)	visit	*your family.*
They	could not (couldn't)	close	*the deal.*
He	could not (couldn't)	walk	*in the snow.*
She	could not (couldn't)	go	*to work.*
It	could not (couldn't)	heat	*the water.*

▶ Verifica la comprensión de los enunciados.
▶ Usa tu diccionario si lo crees conveniente.
▶ Práctica adicional: En tu cuaderno, cambia este cuadro a las dos formas restantes.

p. 48

▶ Contesta SI o NO.

	SI	NO
a) No hay verbo auxiliar porque el verbo basta para expresar la acción.	☐	☑
b) Hay dos grupos de enunciados.	☐	☑
c) Ningún grupo agrega "s" o "es".	☑	☐
d) Se usan todas las personas gramaticales.	☑	☐
e) Se usa nuevo elemento estructural.	☐	☑
f) El tiempo sirve para expresar acciones terminadas.	☑	☐
g) El tiempo sirve para expresar o que se está haciendo en el momento.	☐	☑
h) Pudiste entender el significado de los enunciados.	☐	☐

p. 49

VERBO AUXILIAR	SUJETO	VERBO	RESTO DEL ENUNCIADO
Could	I	rent	a house?
Could	we	have	a soda?
Could	you	rest	a little?
Could	they	stay	in a hotel?
Could	he	get	a joby?
Could	she	sell	books?
Could	it	function	on snow?

▶ Verifica la comprensión de los enunciados.
▶ Usa tu diccionario si lo crees conveniente.
▶ Práctica adicional: En tu cuaderno, cambia este cuadro a las dos formas restantes.

VERBO AUXILIAR	SUJETO	VERBO	RESTO DEL ENUNCIADO
Could	I	speak	to the manager?
Could	we	send	the e-mail?
Could	you	obtain	the information?
Could	they	get	the bus tickets?
Could	he	buy	the guitar?
Could	she	see	the eclipse?
Could	it	heat	bread?

▶ Verifica la comprensión de los enunciados.
▶ Usa tu diccionario si lo crees conveniente.
▶ Práctica adicional: En tu cuaderno, cambia este cuadro a las dos formas restantes.

p. 50

VERBO AUXILIAR	SUJETO	VERBO	RESTO DEL ENUNCIADO
Could	I	call/see	the doctor?
Could	we	talk	to them?
Could	you	answer	the phone?
Could	they	open/close	the program?
Could	he	begin/finish	the novel?
Could	she	move	to Canada?
Could	it	print/erase	the document?

▶ Verifica la comprensión de los enunciados.
▶ Usa tu diccionario si lo crees conveniente.
▶ Práctica adicional: En tu cuaderno, cambia este cuadro a las dos formas restantes.

VERBO AUXILIAR	SUJETO	VERBO	RESTO DEL ENUNCIADO
Could	I	have	Spaghetti?
Could	we	try	this product?
Could	you	lend	me some money?
Could	they	return	on time?
Could	he	check	the PC?
Could	she	see	the movie?
Could	it	make	ice cream?

▶ Verifica la comprensión de los enunciados.
▶ Usa tu diccionario si lo crees conveniente.
▶ Práctica adicional: En tu cuaderno, cambia este cuadro a las dos formas restantes.

p. 51

▶ Contesta SI o NO.	SI	NO
a) El verbo auxiliar se usa en dos formas en el pasado simple.	☐	☑
b) El verbo auxiliar hace lo que el verbo principal no puede hacer.	☑	☐
c) El verbo auxiliar lleva la "s" en tercera persona de singular.	☐	☑
d) Se usan todas las personas gramaticales.	☑	☐
e) Se usa un nuevo elemento estructural.	☑	☐
f) El tiempo sirve para expresar acciones habituales.	☐	☑
g) El tiempo sirve para expresar algo que ya sucedió.	☑	☐
h) Puedes hacer invitaciones o sugerencias presentes con este tiempo.	☑	☐
i) Pudiste entender el significado de los enunciados.	☐	☐
j) Tienes dos formas para contestar las preguntas.	☑	☐

EJERCICIO FINAL:

- El verbo *could* en pasado simple tiene <u>una</u> forma(s).
- La forma que se usa con "I" es <u>could</u>.
- La forma que se usa con "We", "You" y "They" es <u>could</u>.
- La forma para "She", "He" e "It" es <u>could</u>.
- Para pasar de la forma afirmativa a la negativa <u>se agrega la negación al auxiliar</u>.
- Para hacer preguntas <u>se intercambian auxiliar y sujeto</u>.

p. 55 – 4.1

▶ Contesta SI o NO.   SI   NO

a) Hay verbo auxiliar porque el verbo no basta
para expresar la acción.   ☑   ☐

b) El verbo auxiliar no tiene significado.   ☐   ☑

c) Ningún grupo agrega "s" o "es".   ☑   ☐

d) Se usan todas las personas gramaticales.   ☑   ☐

e) Aparece un nuevo elemento estructural.   ☑   ☐

f) El tiempo sirve para expresar acciones
terminadas.   ☐   ☑

g) El tiempo sirve para expresar hipótesis,
sugerencias o invitaciones.   ☑   ☐

h) Pudiste entender el significado de los
enunciados.   ☐   ☐

p. 56

SUJETO	VERBO AUXILIAR	VERBO	RESTO DEL ENUNCIADO
I	would ('d)	buy	a new suit.
We	would ('d)	walk	to the office.
You	would ('d)	have	coffee at night.
They	would ('d)	drink	lemonade.
He	would ('d)	get	up early if possible.
She	would ('d)	cook	mole sauce.
It	would ('d)	arrive	at five o'clock.

▶ Verifica la comprensión de los enunciados.
▶ Usa tu diccionario si lo crees conveniente.
▶ Práctica adicional: En tu cuaderno, cambia este cuadro
   a las dos formas restantes.

p. 56

SUJETO	VERBO AUXILIAR	VERBO	RESTO DEL ENUNCIADO
I	would ('d)	like	a capuccino.
We	would ('d)	have	a holiday.
You	would ('d)	love	a hot dog.
They	would ('d)	make	a reservation.
He	would ('d)	go	by train.
She	would ('d)	check	her GPS.
It	would ('d)	tell	the temperature.

► Verifica la comprensión de los enunciados.
► Usa tu diccionario si lo crees conveniente.
► Práctica adicional: En tu cuaderno, cambia este cuadro a las dos formas restantes.

p. 57

SUJETO	VERBO AUXILIAR	VERBO	RESTO DEL ENUNCIADO
I	would ('d)	go	to the theater.
We	would ('d)	be	a pro player.
You	would ('d)	open	a magazine.
They	would ('d)	work	all morning.
He	would ('d)	drive	to his office.
She	would ('d)	read	the sports page.
It	would ('d)	lock	the door.

► Verifica la comprensión de los enunciados.
► Usa tu diccionario si lo crees conveniente.
► Práctica adicional: En tu cuaderno, cambia este cuadro a las dos formas restantes.

p. 57

SUJETO	VERBO AUXILIAR	VERBO	RESTO DEL ENUNCIADO
I	would ('d)	have	*a burger.*
We	would ('d)	play	*cards.*
You	would ('d)	take	*an aspirin.*
They	would ('d)	jog	*night.*
He	would ('d)	check	*his mail.*
She	would ('d)	do	*the crossword.*
It	would ('d)	eat	*pop corn.*

- ▶ Verifica la comprensión de los enunciados.
- ▶ Usa tu diccionario si lo crees conveniente.
- ▶ Práctica adicional: En tu cuaderno, cambia este cuadro a las dos formas restantes.

p. 59 - 4.2

▶ Contesta SI o NO.   SI   NO

a) Hay verbo auxiliar porque el verbo no basta
para expresar la acción.   ☑   ☐

b) En español, el verbo principal agrega la
terminacion *"ía"* y sus variantes.   ☑   ☐

c) Puedes contraer el auxiliar y la negacion.   ☑   ☐

d) Se usan todas las personas gramaticales.   ☑   ☐

e) Aparece un nuevo elemento estructural.   ☐   ☑

f) El tiempo sirve para expresar acciones
terminadas.   ☑   ☐

g) El tiempo sirve para expresar hipótesis,
sugerencias o invitaciones.   ☐   ☑

h) Pudiste entender el significado de los
enunciados.   ☐   ☐

p. 60

SUJETO	VERBOAUXILIAR NEGATIVO	VERBO	RESTO DEL ENUNCIADO
I	would not (wouldn't)	buy	a loft.
We	would not (wouldn't)	eat	cake..
You	would not (wouldn't)	walk	in the snow.
They	would not (wouldn't)	travel	by plane.
He	would not (wouldn't)	take	a nap.
She	would not (wouldn't)	go	to the gym.
It	would not (wouldn't)	take	messages.

▶ Verifica la comprensión de los enunciados.
▶ Usa tu diccionario si lo crees conveniente.
▶ Práctica adicional: En tu cuaderno, cambia este cuadro a las dos formas restantes.

SUJETO	VERBOAUXILIAR NEGATIVO	VERBO	RESTO DEL ENUNCIADO
I	would not (wouldn't)	watch	TV.
We	would not (wouldn't)	drive	a motorboat..
You	would not (wouldn't)	eat	the cheese.
They	would not (wouldn't)	have	lunch..
He	would not (wouldn't)	order	pizza.
She	would not (wouldn't)	go	camping.
It	would not (wouldn't)	leave	on time.

▶ Verifica la comprensión de los enunciados.
▶ Usa tu diccionario si lo crees conveniente.
▶ Práctica adicional: En tu cuaderno, cambia este cuadro a las dos formas restantes.

p. 61

SUJETO	VERBOAUXILIAR NEGATIVO	VERBO	RESTO DEL ENUNCIADO
I	would not (wouldn't)	*buy*	a pet.
We	would not (wouldn't)	*wear*	jeans.
You	would not (wouldn't)	*fly*	a helicopter.
They	would not (wouldn't)	*learn*	Latin.
He	would not (wouldn't)	*cash*	the check.
She	would not (wouldn't)	*read*	science fiction.
It	would not (wouldn't)	*start*	in winter.

▶ Verifica la comprensión de los enunciados.
▶ Usa tu diccionario si lo crees conveniente.
▶ Práctica adicional: En tu cuaderno, cambia este cuadro a las dos formas restantes.

SUJETO	VERBOAUXILIAR NEGATIVO	VERBO	RESTO DEL ENUNCIADO
I	would not (wouldn't)	drink	*milk.*
We	would not (wouldn't)	sleep	*in an office.*
You	would not (wouldn't)	swim	*un cold water.*
They	would not (wouldn't)	go	*to the stadium.*
He	would not (wouldn't)	spend	*much money.*
She	would not (wouldn't)	smoke	*again.*
It	would not (wouldn't)	produce	*ice.*

▶ Verifica la comprensión de los enunciados.
▶ Usa tu diccionario si lo crees conveniente.
▶ Práctica adicional: En tu cuaderno, cambia este cuadro a las dos formas restantes.

p. 63 - 4.3

	SI	NO
▶ Contesta SI o NO.		
a) No hay verbo auxiliar porque el verbo basta para expresar la acción.	☐	☑
b) Hay dos grupos de enunciados.	☐	☑
c) Ningún grupo agrega "s" o "es".	☑	☐
d) Se usan todas las personas gramaticales.	☑	☐
e) Se usa nuevo elemento estructural.	☐	☑
f) El tiempo sirve para expresar acciones terminadas.	☐	☑
g) El tiempo sirve para expresar o que se está haciendo en el momento.	☐	☑
h) Pudiste entender el significado de los enunciados.	☐	☐

VERBO AUXILIAR	SUJETO	VERBO	RESTO DEL ENUNCIADO
Would	I	use	a dictionary?
Would	we	get	get up late?
Would	you	buy	an old car?
Would	they	go	water skiing?
Would	he	lock	the door?
Would	she	make	the trip?
Would	it	prepare	expresso?

▶ Verifica la comprensión de los enunciados.
▶ Usa tu diccionario si lo crees conveniente.
▶ Práctica adicional: En tu cuaderno, cambia este cuadro a las dos formas restantes.

p. 64

VERBO AUXILIAR	SUJETO	VERBO	RESTO DEL ENUNCIADO
Would	I	go	dancing?
Would	we	move	to the city?
Would	you	write	for a newspaper?
Would	they	take	vitamins?
Would	he	like	apple pie?
Would	she	drink	chocolate?
Would	it	contain	caffeine?

▶ Verifica la comprensión de los enunciados.
▶ Usa tu diccionario si lo crees conveniente.
▶ Práctica adicional: En tu cuaderno, cambia este cuadro a las dos formas restantes.

VERBO AUXILIAR	SUJETO	VERBO	RESTO DEL ENUNCIADO
Would	I	do	that?
Would	we	have	a good time?
Would	you	sing	a song?
Would	they	give	a party?
Would	he	ride	a horse?
Would	she	ask	for a ride?
Would	it	play	a CD?

▶ Verifica la comprensión de los enunciados.
▶ Usa tu diccionario si lo crees conveniente.
▶ Práctica adicional: En tu cuaderno, cambia este cuadro a las dos formas restantes.

p. 65

VERBO AUXILIAR	SUJETO	VERBO	RESTO DEL ENUNCIADO
Would	I	need	a visa?
Would	we	have	a snack?
Would	you	take	a message?
Would	they	wear	glasses?
Would	he	make	orange juice?
Would	she	call	the doctor?
Would	it	work	on solar energy?

▶ Verifica la comprensión de los enunciados.
▶ Usa tu diccionario si lo crees conveniente.
▶ Práctica adicional: En tu cuaderno, cambia este cuadro a las dos formas restantes.

p. 65

▶ Contesta SI o NO.

	SI	NO
a) El verbo auxiliar se usa en dos formas en el pasado simple.	☐	☑
b) El verbo auxiliar hace lo que el verbo principal no puede hacer.	☑	☐
c) El verbo auxiliar lleva la "s" en tercera persona de singular.	☐	☑
d) Se usan todas las personas gramaticales.	☑	☐
e) Se usa un nuevo elemento estructural.	☐	☑
f) El tiempo sirve para expresar acciones habituales.	☐	☑
g) El tiempo sirve para expresar algo que ya sucedió.	☑	☐
h) Pudiste entender el significado de los enunciados.	☐	☐
i) Tienes dos formas para contestar las preguntas.	☑	☐

p. 66

EJERCICIO FINAL:

- El verbo *would* en pasado simple tiene __una__ forma(s).
- La forma que se usa con "I" es <u>would</u>.
- La forma que se usa con "We", "You" y "They" es <u>would</u>.
- La forma para "She", "He" e "It" es <u>would</u>.
- Para pasar de la forma afirmativa a la negativa <u>se agrega negacion al auxiliar</u>.
- Para hacer preguntas <u>se intercambian sujeto y uxilliar</u>.

p. 70 – 5.1

▶ Contesta SI o NO.	SI	NO
a) Hay verbo auxiliar porque el verbo no basta para expresar la acción.	☑	☐
b) El verbo auxiliar no tiene significado.	☐	☑
c) Ningún grupo agrega "es".	☑	☐
d) Se usan todas las personas gramaticales.	☑	☐
e) Aparece un nuevo elemento estructural.	☐	☑
f) El tiempo sirve para expresar acciones interrumpidas.	☑	☐
g) El tiempo sirve para expresar período de tiempo en el pasado.	☑	☐
h) Pudiste entender el significado de los enunciados.	☐	☐

p. 71

SUJETO	VERBO AUXILIAR	VERBO + ing	RESTO DEL ENUNCIADO
We	were	jogging	for three miles.
You	were	filling	a form.
They	were	doing	the dishes.
I	was	painting	my house.
He	was	sitting	on the floor.
She	was	writing	on her laptop.
It	was	making	noises.

▶ Verifica la comprensión de los enunciados.
▶ Usa tu diccionario si lo crees conveniente.
▶ Práctica adicional: En tu cuaderno, cambia este cuadro a las dos formas restantes.

SUJETO	VERBO AUXILIAR	VERBO + ing	RESTO DEL ENUNCIADO
We	were	carrying	umbrellas.
You	were	answering	your cell.
They	were	driving	to San Francisco.
I	was	looking	for my pen.
He	was	cutting	a Christmas tree.
She	was	running	after the thief.
It	was	raining	all night yesterday.

▶ Verifica la comprensión de los enunciados.
▶ Usa tu diccionario si lo crees conveniente.
▶ Práctica adicional: En tu cuaderno, cambia este cuadro a las dos formas restantes.

p. 72

SUJETO	VERBO AUXILIAR	VERBO + ing	RESTO DEL ENUNCIADO
We	were	*resting*	in the park.
You	were	*waiting*	for the bus.
They	were	*traveling*	by train.
I	was	*sleeping*	at home.
He	was	*coming*	to work.
She	was	*having*	breakfast.
It	was	*barking*	at the cat.

▶ Verifica la comprensión de los enunciados.
▶ Usa tu diccionario si lo crees conveniente.
▶ Práctica adicional: En tu cuaderno, cambia este cuadro a las dos formas restantes.

SUJETO	VERBO AUXILIAR	VERBO + ing	RESTO DEL ENUNCIADO
We	were	reading	*the news.*
You	were	walking	*to the office.*
They	were	having	*a video conference.*
I	was	taking	*a break.*
He	was	swimming	*in the lake.*
She	was	giving	*a concert.*
It	was	cooling	*the air.*

▶ Verifica la comprensión de los enunciados.
▶ Usa tu diccionario si lo crees conveniente.
▶ Práctica adicional: En tu cuaderno, cambia este cuadro a las dos formas restantes.

p. 73 - 5.2

▶ Contesta SI o NO.	SI	NO
a) Hay verbo auxiliar porque el verbo no basta para expresar la acción.	☑	☐
b) El verbo auxiliar no tiene significado.	☐	☑
c) Se agrega una terminación al verbo principal.	☑	☐
d) Se usan todas las personas gramaticales.	☑	☐
e) Aparece un nuevo elemento estructural.	☐	☑
f) El tiempo sirve para expresar acciones pasadas en progreso.	☑	☐
g) El tiempo se puede combinar con pasado simple.	☑	☐
h) Hay tres grupos de enunciados.	☐	☑
i) Pudiste entender el significado de los enunciados.	☐	☐

p. 74

SUJETO	VERBO AUXILIAR NEGATIVO	VERBO + ing	RESTO DEL ENUNCIADO
We	were not (weren't)	drink**ing**	sodas.
You	were not (weren't)	chat**ting**	in the net.
They	were not (weren't)	read**ing**	the instructions.
I	was not (wasn't)	carry**ing**	a briefcase.
He	was not (wasn't)	mak**ing**	an apointment.
She	was not (wasn't)	repair**ing**	the blender.
It	was not (wasn't)	ring**ing**	very loud.

▶ Verifica la comprensión de los enunciados.
▶ Usa tu diccionario si lo crees conveniente.
▶ Práctica adicional: En tu cuaderno, cambia este cuadro a las dos formas restantes.

p. 75

SUJETO	VERBO AUXILIAR NEGATIVO	VERBO + ing	RESTO DEL ENUNCIADO
We	were not (weren't)	parking	in the street.
You	were not (weren't)	spraying	the plants.
They	were not (weren't)	giving	a news conference.
I	was not (wasn't)	smoking	a pipe.
He	was not (wasn't)	sitting	on the balcony.
She	was not (wasn't)	wearing	a suit.
It	was not (wasn't)	opening	on Sundays.

▶ Verifica la comprensión de los enunciados.
▶ Usa tu diccionario si lo crees conveniente.
▶ Práctica adicional: En tu cuaderno, cambia este cuadro a las dos formas restantes.

SUJETO	VERBO AUXILIAR NEGATIVO	VERBO + ing	RESTO DEL ENUNCIADO
We	were not (weren't)	taking	a nap.
You	were not (weren't)	having	dinner.
They	were not (weren't)	going	to the party.
I	was not (wasn't)	talking	on the phone.
He	was not (wasn't)	writing	e-mails.
She	was not (wasn't)	washing	her car.
It	was not (wasn't)	working	properly.

▶ Verifica la comprensión de los enunciados.
▶ Usa tu diccionario si lo crees conveniente.
▶ Práctica adicional: En tu cuaderno, cambia este cuadro a las dos formas restantes.

p. 76

SUJETO	VERBO AUXILIAR NEGATIVO	VERBO + ing	RESTO DEL ENUNCIADO
We	were not (weren't)	buy**ing**	*food to go.*
You	were not (weren't)	us**ing**	*an Ipad.*
They	were not (weren't)	listen**ing**	*to the news.*
I	was not (wasn't)	sleep**ing**	*in class.*
He	was not (wasn't)	tell**ing**	*a story.*
She	was not (wasn't)	check**ing**	*her mail.*
It	was not (wasn't)	heat**ing**	*the water.*

▶ Verifica la comprensión de los enunciados.
▶ Usa tu diccionario si lo crees conveniente.
▶ Práctica adicional: En tu cuaderno, cambia este cuadro a las dos formas restantes.

p. 77 – 5.3

▶ Contesta SI o NO.   SI   NO

a) ¿Podemos llamar "respuestas cortas" a las anteriores?   ☑   ☐

b) ¿La organización te resulta conocida?   ☑   ☐

c) ¿Cada respuesta consta de dos elementos?   ☐   ☑

d) Se usan todas las personas gramaticales.   ☑   ☐

e) ¿Se parecen a los patrones estructurales que
conoces?   ☑   ☐

f) ¿En todas las respuestas se usa un verbo auxiliar?   ☑   ☐

g) ¿Se proporciona información adicional?   ☐   ☑

h) ¿Entendiste todas las respuestas?   ☐   ☐

p. 78

VERBO AUXILIAR	SUJETO	VERBO	RESTO DEL ENUNCIADO
Were	we	asking	for information?
Were	you	looking	for a job?
Were	they	coming	from the airport?
Was	I	sending	job applications?
Was	he	highlighting	the text?
Was	she	reporting	the accident?
Was	it	printing	in color?

▶ Verifica la comprensión de los enunciados.
▶ Usa tu diccionario si lo crees conveniente.
▶ Práctica adicional: En tu cuaderno, cambia este cuadro a las dos formas restantes.

p. 78

VERBO AUXILIAR	SUJETO	VERBO	RESTO DEL ENUNCIADO
Were	we	cleaning	the house?
Were	you	waiting	for a taxi?
Were	they	practicing	martial arts?
Was	I	working	hard?
Was	he	being	arrogant?
Was	she	making	progress?
Was	it	using	wind energy?

► Verifica la comprensión de los enunciados.
► Usa tu diccionario si lo crees conveniente.
► Práctica adicional: En tu cuaderno, cambia este cuadro a las dos formas restantes.

p. 79

VERBO AUXILIAR	SUJETO	VERBO	RESTO DEL ENUNCIADO
Were	we	recording	a TV program?
Were	you	making	the beds?
Were	they	opening	an account?
Was	I	walking	my dog?
Was	he	writing	with a fountain pen?
Was	she	going	to the supermarket?
Was	it	showing	the date?

► Verifica la comprensión de los enunciados.
► Usa tu diccionario si lo crees conveniente.
► Práctica adicional: En tu cuaderno, cambia este cuadro a las dos formas restantes.

p. 79

VERBO AUXILIAR	SUJETO	VERBO	RESTO DEL ENUNCIADO
Were	we	making	any money?
Were	you	having	problems?
Were	they	coming	by car?
Was	I	playing	the lottery?
Was	he	traveling	alone?
Was	she	taking	notes?
Was	it	going	on sale?

▶ Verifica la comprensión de los enunciados.
▶ Usa tu diccionario si lo crees conveniente.
▶ Práctica adicional: En tu cuaderno, cambia este cuadro a las dos formas restantes.

p. 80

	SI	NO
▶ Contesta SI o NO.		
a) El verbo auxiliar tiene dos formas en el pasado progresivo.	☑	☐
b) El verbo auxiliar hace lo que el verbo principal no puede hacer.	☑	☐
c) Se usan todas las personas gramaticales.	☑	☐
d) Se usa un nuevo elemento estructural.	☐	☑
f) El tiempo sirve para expresar acciones habituales.	☐	☑
g) El tiempo sirve para expresar algo que estaba pasando.	☑	☐
h) Pudiste entender el significado de los enunciados.	☐	☐
i) Tienes dos formas para contestar las preguntas.	☑	☐

p. 80

EJERCICIO FINAL:

- El verbo *be* en pasado progresivo tiene <u>dos</u> forma(s).
- La forma que se usa con "I" es <u>was</u>.
- La forma que se usa con "We", "You" y "They" es <u>were</u>.
- La forma para "She", "He" e "It" es <u>was</u>.
- Para pasar de la forma afirmativa a la negativa <u>el auxiliar agrega la negación</u>.
- Para hacer preguntas <u>invierten posiciones el auxiliar y el sujeto</u>.

p. 84 – 6.1

▶ Contesta SI o NO.	SI	NO
a) Hay verbo auxiliar porque el verbo no basta para expresar la acción.	☑	☐
b) El verbo auxiliar no tiene significado.	☐	☑
c) Ningún grupo agrega "ed".	☑	☐
d) Se usan todas las personas gramaticales.	☑	☐
e) Aparece un nuevo elemento estructural.	☑	☐
f) El tiempo sirve para expresar acciones no realizadas no realizadas.	☑	☐
g) El tiempo sirve para expresar intención en pasado.	☑	☐
h) El tiempo sirve para expresar sugerencias o invitaciones.	☐	☑
i) Pudiste entender el significado de los enunciados.	☐	☐

p. 85

SUJETO	VERBO AUXILIAR	going to + VERBO	RESTO DEL ENUNCIADO
We	were	going to travel	to Amsterdam.
You	were	going to have	a check up.
They	were	going to ask	for a visa.
I	was	going to teach	Spanish.
He	was	going to call	for an ambulance.
She	was	going to sell	her car.
It	was	going to be	very popular.

▶ Verifica la comprensión de los enunciados.
▶ Usa tu diccionario si lo crees conveniente.
▶ Práctica adicional: En tu cuaderno, cambia este cuadro a las dos formas restantes.

SUJETO	VERBO AUXILIAR	going to + VERBO	RESTO DEL ENUNCIADO
We	were	going to send	an e-mail.
You	were	going to celebrate	an anniversary.
They	were	going to ask	the bank for a loan.
I	was	going to buy	dog food.
He	was	going to have	a blood test.
She	was	going to work	it out.
It	was	going to drizzle	in winter.

▶ Verifica la comprensión de los enunciados.
▶ Usa tu diccionario si lo crees conveniente.
▶ Práctica adicional: En tu cuaderno, cambia este cuadro a las dos formas restantes.

p. 86

SUJETO	VERBO AUXILIAR	**going to** + VERBO	RESTO DEL ENUNCIADO
We	were	*going to have*	coffee.
You	were	*going to go*	to the dentist.
They	were	*going to buy*	a motorcycle.
I	was	*going to meet*	the President.
He	was	*going to work*	overtime.
She	was	*going to have*	a baby.
It	was	*going to be*	a compact model.

▶ Verifica la comprensión de los enunciados.
▶ Usa tu diccionario si lo crees conveniente.
▶ Práctica adicional: En tu cuaderno, cambia este cuadro a las dos formas restantes.

SUJETO	VERBO AUXILIAR	**going to** + VERBO	RESTO DEL ENUNCIADO
We	were	**going to** go	*to the concert.*
You	were	**going to** repair	*the bicycle.*
They	were	**going to** check	*the bus schedule.*
I	was	**going to** have	*the day off.*
He	was	**going to** leave	*early.*
She	was	**going to** cook	*chicken noodles.*
It	was	**going to** be	*an Indian summer.*

▶ Verifica la comprensión de los enunciados.
▶ Usa tu diccionario si lo crees conveniente.
▶ Práctica adicional: En tu cuaderno, cambia este cuadro a las dos formas restantes.

p. 87 – 6.2

► Contesta SI o NO.

	SI	NO
a) El verbo auxiliar no tiene significado.	☐	☑
b) Ningún grupo agrega "ed".	☐	☑
c) Se usan todas las personas gramaticales.	☑	☐
d) Aparece un nuevo elemento estructural.	☐	☑
e) El tiempo sirve para expresar no realizadas.	☑	☐
f) Pudiste entender el significado de los enunciados.	☐	☐

p. 88

SUJETO	VERBO AUXILIAR NEGATIVO	**going to** + VERBO	RESTO DEL ENUNCIADO
We	were not (weren't)	**going to** act	in the play.
You	were not (weren't)	**going to** call	the police.
They	were not (weren't)	**going to** run	the marathon.
I	was not (wasn't)	**going to** use	the dictionary.
He	was not (wasn't)	**going to** swim	in cold water.
She	was not (wasn't)	**going to** go	to the gym.
It	was not (wasn't)	**going to** be	a hot day.

► Verifica la comprensión de los enunciados.
► Usa tu diccionario si lo crees conveniente.
► Práctica adicional: En tu cuaderno, cambia este cuadro a las dos formas restantes.

p. 88

SUJETO	VERBO AUXILIAR NEGATIVO	**going to** + VERBO	RESTO DEL ENUNCIADO
We	*were not (weren't)*	**going to** fix	the salad.
You	*were not (weren't)*	**going to** make	the trip.
They	*were not (weren't)*	**going to** cash	the check.
I	*was not (was n't)*	**going to** take	the bus.
He*	*was not (wasn't)*	**going to** attend	school.
She*	*was not (wasn't)*	**going to** go	home.
It*	*was not (wasn't)*	**going to** be	expensive.

▶ Verifica la comprensión de los enunciados.
▶ Usa tu diccionario si lo crees conveniente.
▶ Práctica adicional: En tu cuaderno, cambia este cuadro a las dos formas restantes.

p. 89

SUJETO	VERBO AUXILIAR NEGATIVO	going to + VERBO	RESTO DEL ENUNCIADO
We	were not (weren't)	*going to* visit	my friend.
You	were not (weren't)	*going to* see	the show.
They	were not (weren't)	*going to* pay	the tickets.
I	was not (wasn't)	*going to* walk	the dog.
He	was not (wasn't)	*going to* stay	at home.
She	was not (wasn't)	*going to* leave	town.
It	was not (wasn't)	*going to* cool	the sodas.

▶ Verifica la comprensión de los enunciados.

▶ Usa tu diccionario si lo crees conveniente.

▶ Práctica adicional: En tu cuaderno, cambia este cuadro a las dos formas restantes.

p. 89

SUJETO	VERBO AUXILIAR NEGATIVO	going to + VERBO	RESTO DEL ENUNCIADO
We	were not (weren't)	going to buy	a cat.
You	were not (weren't)	going to work	on Sundays.
They	were not (weren't)	going to share	a taxi.
I	was not (wasn't)	going to watch	the news.
He	was not (wasn't)	going to paint	the house.
She	was not (wasn't)	going to read	the book.
It	was not (wasn't)	going to cost	a lot of money.

▶ Verifica la comprensión de los enunciados.
▶ Usa tu diccionario si lo crees conveniente.
▶ Práctica adicional: En tu cuaderno, cambia este cuadro a las dos formas restantes.

p. 91 – 6.3

	SI	NO
▶ Contesta SI o NO.		
a) ¿Podemos llamar "respuestas cortas" a las anteriores?	☑	☐
b) ¿La organización te resulta conocida?	☑	☐
c) ¿Cada respuesta consta de dos elementos?	☐	☑
d) Se usan todas las personas gramaticales.	☑	☐
e) ¿Se parecen a los patrones estructurales que conoces?	☑	☐
f) ¿En todas las respuestas se usa un verbo auxiliar?	☑	☐
g) ¿Se proporciona información adicional?	☐	☑

p. 91

VERBO AUXILIAR	SUJETO	going to + VERBO	RESTO DEL ENUNCIADO
Were	we	going to book	the hotel?
Were	you	going to learn	Japanese?
Were	they	going to open	a store?
Was	I	going to record	a song?
Was	he	going to practice	martial arts?
Was	she	going to repair	the printer?
Was	it	going to work	in winter?

▶ Verifica la comprensión de los enunciados.
▶ Usa tu diccionario si lo crees conveniente.
▶ Práctica adicional: En tu cuaderno, cambia este cuadro a las dos formas restantes.

p. 92

VERBO AUXILIAR	SUJETO	going to + VERBO	RESTO DEL ENUNCIADO
Were	we	going to get	a city map?
Were	you	going to ask	for help?
Were	they	going to travel	to Vienna?
Was	I	going to write	an e-book?
Was	he	going to see	the parade?
Was	she	going to give	an example?
Was	it	going to wash	the stain?

▶ Verifica la comprensión de los enunciados.
▶ Usa tu diccionario si lo crees conveniente.
▶ Práctica adicional: En tu cuaderno, cambia este cuadro a las dos formas restantes.

p. 92

VERBO AUXILIAR	SUJETO	going to + VERBO	RESTO DEL ENUNCIADO
Were	we	*going to* rent	an office?
Were	you	*going to* play	poker?
Were	they	*going to* drive	to Canada?
Was	I	*going to* bake	the cake?
Was	he	*going to* go	to the market?
Was	she	*going to* bring	the pizza?
Was	it	*going to* be	at one o'clock?

► Verifica la comprensión de los enunciados.
► Usa tu diccionario si lo crees conveniente.
► Práctica adicional: En tu cuaderno, cambia este cuadro a las dos formas restantes.

p. 93

VERBO AUXILIAR	SUJETO	going to + VERBO	RESTO DEL ENUNCIADO
Were	we	*going to* have	*a party?*
Were	you	*going to* buy	*a boat?*
Were	they	*going to* learn	*French?*
Was	I	*going to* make	*the reservations?*
Was	he	*going to* come	*by plane?*
Was	she	*going to* stand	*in line?*
Was	it	*going to* be	*a popular toy?*

► Verifica la comprensión de los enunciados.
► Usa tu diccionario si lo crees conveniente.
► Práctica adicional: En tu cuaderno, cambia este cuadro a las dos formas restantes.

p. 93

▶ Contesta SI o NO.	SI	NO
a) El verbo auxiliar tiene dos formas en el futuro idiomático en pasado.	☑	☐
b) El verbo auxiliar hace lo que el verbo principal no puede hacer.	☑	☐
c) Se usan todas las personas gramaticales.	☑	☐
d) Se usa un nuevo elemento estructural.	☐	☑
f) El tiempo sirve para expresar acciones habituales.	☐	☑
g) El tiempo sirve para expresar algo que estaba pasando.	☐	☑
h) Pudiste entender el significado de los enunciados.	☐	☐
i) Tienes dos formas para contestar las preguntas.	☑	☐

p. 94

EJERCICIO FINAL:

- El verbo *be* en futuro idiomático en pasado tiene _dos_ forma(s).
- La forma que se usa con "I" es _was_.
- La forma que se usa con "We", "You" y "They" es _were_.
- La forma para "She", "He" e "It" es _was_.
- Para pasar de la forma afirmativa a la negativa _se agrega negación al verbo auxiliar_.
- Para hacer preguntas _se coloca el auxiliar antes del sujeto_.

p. 98 - 7.1

▶ Contesta SI o NO.

	SI	NO
a) El verbo auxiliar tiene dos formas.	☐	☑
b) El verbo principal se usa en forma simple.	☐	☑
c) La forma sirve para expresar acciones habituales.	☐	☑
d) Puedes usar contracción.	☑	☐
e) El participio pasado termina en "ado" "ido" (o "to" – "escri*to*", "so" - impre*so*", "cho" – he*cho*".	☑	☐
f) Hay verbos que agregan "ed" para formar el participio pasado.	☑	☐
g) Otros verbos tienen una forma propia para formar el participio pasado.	☑	☐

p. 99

SUJETO	VERBO AUXILIAR	VERBO PARTICIPIO PASADO	RESTO DEL ENUNCIADO
I	had ('d)	been	a swimmer.
We	had ('d)	started	our project.
You	had ('d)	made	a mistake.
They	had ('d)	filled	the forms.
He	had ('d)	written	an article.
She	had ('d)	worked	in a factory.
It	had ('d)	left	at two o'clock.

▶ Verifica la comprensión de los enunciados.
▶ Usa tu diccionario si lo crees conveniente.
▶ Práctica adicional: En tu cuaderno, cambia este cuadro a las dos formas restantes.

p. 99

SUJETO	VERBO AUXILIAR	VERBO PARTICIPIO PASADO	RESTO DEL ENUNCIADO
I	had ('d)	waited	a long time.
We	had ('d)	sung	the national anthem.
You	had ('d)	gone	on foot.
They	had ('d)	stayed	in a hotel.
He	had ('d)	given	the information.
She	had ('d)	accepted	the job.
It	had ('d)	eaten	all the food.

► Verifica la comprensión de los enunciados.
► Usa tu diccionario si lo crees conveniente.
► Práctica adicional: En tu cuaderno, cambia este cuadro a las dos formas restantes.

p. 100

SUJETO	VERBO AUXILIAR	VERBO PARTICIPIO PASADO	RESTO DEL ENUNCIADO
I	had ('d)	slept	in a hammock.
We	had ('d)	bought	the apartment.
You	had ('d)	offered	assistance.
They	had ('d)	sat	on the floor.
He	had ('d)	closed	the shop.
She	had ('d)	done	the homework.
It	had ('d)	run	on batteries.

► Verifica la comprensión de los enunciados.
► Usa tu diccionario si lo crees conveniente.
► Práctica adicional: En tu cuaderno, cambia este cuadro a las dos formas restantes.

p. 100

SUJETO	VERBO AUXILIAR	VERBO PARTICIPIO PASADO	RESTO DEL ENUNCIADO
I	had ('d)	driven	*a small car.*
We	had ('d)	opened	*a cafeteria.*
You	had ('d)	seen	*the movie.*
They	had ('d)	read	*the news.*
He	had ('d)	drunk	*all the milk.*
She	had ('d)	traveled	*around the world.*
It	had ('d)	rung	*frequently.*

- ▶ Verifica la comprensión de los enunciados.
- ▶ Usa tu diccionario si lo crees conveniente.
- ▶ Práctica adicional: En tu cuaderno, cambia este cuadro a las dos formas restantes.

p. 101 - 7.2

SUJETO	VERBO AUXILIAR NEGATIVO	VERBO PARTICIPIO PASADO	RESTO DEL ENUNCIADO
I	had not (hadn't)	begun	my career.
We	had not (hadn't)	passed	the exam.
You	had not (hadn't)	read	the sign.
They	had not (hadn't)	earned	any money.
He	had not (hadn't)	told	anyone.
She	had not (hadn't)	answered	her cell.
It	had not (hadn't)	had	self-service.

- ▶ Verifica la comprensión de los enunciados.
- ▶ Usa tu diccionario si lo crees conveniente.
- ▶ Práctica adicional: En tu cuaderno, cambia este cuadro a las dos formas restantes.

p. 102

SUJETO	VERBO AUXILIAR NEGATIVO	VERBO PARTICIPIO PASADO	RESTO DEL ENUNCIADO
I	*had not (hadn't)*	flown	a jet plane.
We	*had not (hadn't)*	watched	the game.
You	*had not (hadn't)*	sent	the package.
They	*had not (hadn't)*	moved	to another city.
He	*had not (hadn't)*	taken	medicine.
She	*had not (hadn't)*	sold	her house.
It	*had not (hadn't)*	been	interesting.

► Verifica la comprensión de los enunciados.
► Usa tu diccionario si lo crees conveniente.
► Práctica adicional: En tu cuaderno, cambia este cuadro a las dos formas restantes.

SUJETO	VERBO AUXILIAR NEGATIVO	VERBO PARTICIPIO PASADO	RESTO DEL ENUNCIADO
I	had not (hadn't)	*worn*	a smoking.
We	had not (hadn't)	*gone*	to England.
You	had not (hadn't)	*played*	the guitar.
They	had not (hadn't)	*swum*	in the sea.
He	had not (hadn't)	*gotten*	up late.
She	had not (hadn't)	*taken*	pictures.
It	had not (hadn't)	*used*	gas.

► Verifica la comprensión de los enunciados.
► Usa tu diccionario si lo crees conveniente.
► Práctica adicional: En tu cuaderno, cambia este cuadro a las dos formas restantes.

p. 103

SUJETO	VERBO AUXILIAR NEGATIVO	VERBO PARTICIPIO PASADO	RESTO DEL ENUNCIADO
I	had not (hadn't)	had	*time.*
We	had not (hadn't)	played	*a sport.*
You	had not (hadn't)	understood	*the instructions.*
They	had not (hadn't)	visited	*downtown.*
He	had not (hadn't)	taught	*math.*
She	had not (hadn't)	slept	*for two days.*
It	had not (hadn't)	rained	*all spring.*

- ▶ Verifica la comprensión de los enunciados.
- ▶ Usa tu diccionario si lo crees conveniente.
- ▶ Práctica adicional: En tu cuaderno, cambia este cuadro a las dos formas restantes.

p. 104 – 7.3

▶ Contesta SI o NO.

	SI	NO
a) El verbo auxiliar se coloca antes del sujeto.	☑	☐
b) El verbo principal se usa en participio pasado.	☑	☐
c) La forma sirve para expresar acciones han concluido.	☑	☐
d) El verbo principal se contrae.	☐	☑
e) El participio pasado termina en "ado" "ido" (o "to" – "escri_to_", "so" - impre_so_", "cho" – he_cho_".	☑	☐
f) Hay verbos que agregan "ed" para formar el participio pasado.	☑	☐
g) Otros verbos tienen una forma propia para formar el participio pasado.	☑	☐

p. 105

VERBO AUXILIAR	SUJETO	VERBO PARTICIPIO PASADO	RESTO DEL ENUNCIADO
Had	I	told	you the story?
Had	we	listened	to the radio?
Had	you	bought	a membership?
Had	they	prepared	a meal?
Had	he	seen	their friends?
Had	she	begun	the novel?
Had	it	charged	the battery?

▶ Verifica la comprensión de los enunciados.
▶ Usa tu diccionario si lo crees conveniente.
▶ Práctica adicional: En tu cuaderno, cambia este cuadro a las dos formas restantes.

VERBO AUXILIAR	SUJETO	VERBO PARTICIPIO PASADO	RESTO DEL ENUNCIADO
Had	I	talked	about the problem?
Had	we	taught	English?
Had	you	come	here before?
Had	they	practiced	karate?
Had	he	taken	driving lessons?
Had	she	gone	to a summer camp?
Had	it	snowed	in autumn?

▶ Verifica la comprensión de los enunciados.
▶ Usa tu diccionario si lo crees conveniente.
▶ Práctica adicional: En tu cuaderno, cambia este cuadro a las dos formas restantes.

p. 106

VERBO AUXILIAR	SUJETO	VERBO PARTICIPIO PASADO	RESTO DEL ENUNCIADO
Had	I	*caused*	a problem?
Had	we	*taken*	this road?
Had	you	*visited*	Chichen-Itza?
Had	they	*bought*	an Ipad?
Had	he	*driven*	a motorcycle?
Had	she	*spoken*	Portuguese?
Had	it	*been*	hot in summer?

▶ Verifica la comprensión de los enunciados.
▶ Usa tu diccionario si lo crees conveniente.
▶ Práctica adicional: En tu cuaderno, cambia este cuadro a las dos formas restantes.

VERBO AUXILIAR	SUJETO	VERBO PARTICIPIO PASADO	RESTO DEL ENUNCIADO
Had	I	received	*the information?*
Had	we	booked	*the hotel?*
Had	you	danced	*rock and roll?*
Had	they	gone	*to the zoo?*
Had	he	done	*the homework?*
Had	she	taught	*Spanish?*
Had	it	snowed	*in autumn?*

▶ Verifica la comprensión de los enunciados.
▶ Usa tu diccionario si lo crees conveniente.
▶ Práctica adicional: En tu cuaderno, cambia este cuadro a las dos formas restantes.